世界の研究101から導いた

科学的に運気を上げる方法

堀田秀吾
Syugo Hotta

飛鳥新社

はじめに

本書は、「科学的に運気を上げる方法」を紹介する本です。

「え！　そんなことできるの？」

「運気なんて非科学的なものの代表でしょう？」

この時点で、少しモヤモヤする方もいるかもしれません。

しかし、結局のところ、運気が上がっているかどうかというのは、次の二つの話に落ち着きます。

1　出来事をどう解釈するか

2　出来事が起こる確率

一つ目は、心理学や脳科学の話がかかわってきます。

そして、二つ目には統計的な法則が存在します。

したがって、「運気」というテーマは、きっちり学術的・科学的研究の対象になるのです。

○そもそも「科学」とは何かを知る

分析が「科学的」であるためには、分析対象が諸科学で真実を探究するために行われている方法に基づいている必要があります。

「科学」を『デジタル大辞泉』で引くと、こう定義されています。


一定の目的・方法のもとに種々の事象を研究する認識活動。また、その成果としての体系的知識。

ある目的や対象のために、研究者たちが手間ひまかけて行った研究が、知識として積み上がったもの、それが科学です。そして、「科学的研究」と呼ばれるものには決まった方法・作法があります。ごく簡単に言えば、研究対象となる現象について、「こうしたらこうなる」という因果関係を実験や観察など、客観的なエビデンスを持って示すことです。

また、科学者が実験をして、いつでも同じ結果が得られるなら、その因果関係を表す理論は科学的と言えます。

本書でご紹介する研究の中には、批判や反論が存在するものがあります。しかし、批判や反論が存在するから間違っている説というわけではありません。科学的事実は、仮説が出されて、批判や反論を受け、他の説と戦って初めて正しいかどうかが判断されます。逆に、批判や反論ができない理論のほうが怪しいのです。ただ、その正しいというのも、その時代の政治、学閥、流行、その他のさまざまな理由で変わります。地動説やニュートン力学など、長いこと正しいと考えられていた話が、今は覆されているなんていうのは無限にありますよね？

つまり、簡単にまとめると、人類の（集合）知で、今のところ信頼できそうな因果関係や再現性を客観的に示せるものが「科学的」と評されるわけです。

○ 運気は誰にでも平等

一方、運気や運は、こんな比喩で説明することができます。

「運気」は池で、魚は「運」にあたります。

まず、大原則として、**運気という池は誰の前にも平等に存在しています。**そもそも池に行き、そこに釣り糸を垂らすというチャレンジをする人のほうが、運の魚を釣り上げる**確率が高まります。**

そして、自分で釣り糸を垂らすにしても、適当に糸を投げるよりも、魚がいそうな場所を狙って投げるほうがよい釣果《ちょうか》になりますし、技術・エサや道具選びでも釣れる確率は上げられます。

ですから、**運気を上げたければ、まず釣り糸を垂らすという行動を起こすことが大切。**

さらに、知識と技術を使えば、よりよい結果がもたらされる可能性が上がるのです。

もちろん、池の周りを歩いていて、偶然陸上に飛び出してしまいピチピチ跳ねている魚に遭遇する可能性もゼロではありませんが、これはかなりのレアケースです。確率的にもかなり低いでしょう。

そして、釣れた魚が自分にとって価値のあるものなら「幸運」、価値のないものであれば「不運」になるわけです。たとえば、フグやオコゼが釣れて嬉しい人もいれば、残念に感じる人もいる。まさに**幸運と感じるか不運と感じるかは、その人の解釈次第**なのです。

○ 幸運かどうかは結局、解釈と確率の話

「幸運」は、「運がいいこと」や「よい運」を意味します。

「運」を『デジタル大辞泉』で引くと、こんな説明があります。

人の身の上にめぐりくる幸・不幸を支配する、人間の意志を超越したはたらき。

この表現に納得する方は、多いのではないでしょうか？

ポイントは、二つあります。

一つは、**人間の幸せ、不幸せを決めるもの。**

つまり、出来事をどう**解釈**するかです。

そしてもう一つは、運は人間の意志を超越している、すなわち**自分ではコントロールできないもの**です。

確率は、自分のコントロールとは別のところに存在するので、まさにこの定義が当てはまるわけです（もちろん、もともとの決まった確率に対し、試行回数を増やしたり、工夫を凝らすことによって「当たる」確率を上げることはできます）。

本書のタイトルにある「科学的に運気を上げる」という表現に引っかかりを覚えた方は、特に二つ目のポイントに思うところがあるのではないでしょうか。

自分の意志でしっかりコントロールされた結果を得たとき、それがどれだけ嬉しい結果でも「運がよかった……！」とは言いませんよね。食事や運動の計画、リバウンド対策なども考えに考え尽くし、半年で15キロのダイエット計画をして、その計画をちゃんと実行した人が、半年後に15キロ痩せていても「運がよかった」「幸運だ」とは思わないはずです。

人が「運がいい！」と思うのは、たとえばスマホゲームで、排出率1000分の1のレアなキャラが出る10連ガチャを、1回だけ回して目当てのレアキャラが出た！といった場合です。確率は約0・1％、回した本人も正直出るとは思わず、驚きを伴うような結果が出たとき、人は幸運だと思うもの。

結局、**幸運かどうかは、感情**（＝解釈）**と、結果がもたらされる確実性**（＝確率）**の話**なのです。

○科学的に「運」は二つに分けられる

そもそも、「運」には二つの種類があると言われています。

研究1 ケンブリッジ大学のバーナード・ウィリアムズは、人間の運を**「外的な運」**と**「内的な運」**に分けています。

外的な運とは、文字どおり自分の選択肢の外にある、その人の**意志や能力によって決まらないもの**です。

たとえば、思いがけない出会いなどが外的な運にあたります。また、交通ルールを守って歩道を歩く人のところに、居眠り運転の車が突っ込むような痛ましい事故は、どうしてもゼロにはできません。スマホゲームのガチャや、種も仕掛けもないくじ引きなども、外的な運にあたります。

つまり、**確率に左右されるのが〝外的な運〟**です。

一方の内的な運は、個人の努力、意欲、自己信頼、および困難に対する柔軟性など、

自分でコントロールできる部分です。「どう生きるか」「どんな言動をするか」「どう捉えるか」などによって、その結果が変わります。

つまり、**解釈によって幸運にも不幸にもできるのが〝内的な運〟**です。

先ほどの「運気という池」と「運という魚」の話を思い出してください。そもそも池に行って釣り糸を垂らさないと、魚が手に入る可能性さえありません。くじ引きだって、くじを引かなければ当たる確率はゼロなわけです。

ですから、**運気を上げるには、なんらかの行動（そして結果の解釈）をすることが大事**だということになります。

○ラッキーアクションとハッピーアクション

本書は、運気を上げる方法を「**ラッキーアクション**」と「**ハッピーアクション**」に分類し、その根拠となる世界中のさまざまな研究を一緒にご紹介する二部構成です。

外的な運は確率に左右されるので、自分ではコントロールできませんが、試行回数を増やすことで幸運に巡り合う確率を高めることができます。

これを本書では、**ラッキーアクション**とします。

日常生活の中にラッキーアクションを取り入れることが運気を上げる第一歩になり、現状の外的な運を最大化することができます。

対して、**ハッピーアクション**は、文字どおり幸福感を高めるアクションです。

運気の池の例で、フグやオコゼが釣れて嬉しい人もいれば、残念に感じる人もいるとお伝えしたように、自分の身に起こった出来事をどう解釈するかで、「幸」にも「不幸」にも捉えることができます。

基本的に、幸運は肯定的な感情を持つかどうかという話なわけですから、幸福感を得やすいアクションをすることが運気を上げることにもなるわけです。

ラッキーアクションとハッピーアクションは、どちらから行っても大丈夫です。

あえて言うならば、「私は運が悪い」と思っている方は、ハッピーアクションからはじめて、内的な運を高めてから、外的な運を高めるのをおすすめします。他の方は、ラッキーアクションとハッピーアクションのどちらでもいいので、取り入れやすいアクションからはじめていただき、習慣化してもらえると、「最近、運がいい！」「運気が上がっている気がする」など、効果を実感していただけるでしょう。大切なのは、動き出すこと。宝くじだって、買わなければ当たらないのと同じ。まずは、行動（アクション）です！

CONTENTS

第2部

幸福度を上げるハッピーアクション

第1部

幸運に巡り合う確率を高めるラッキーアクション

1

ラッキーアクション

「自分はラッキーだ！」と思う

「私はラッキーなんだ！」

そう言っている人、本気で信じている人はたくさんいます。そして、本当にそういう人たちってラッキーでハッピーな人たちではありませんか？

これ、単なる思い込みに見えますが、単なる思い込み以上の結果を生み出すんです。

○ ラッキーボールと告げられるとカップイン率が35%もアップする⁉

研究2 ケルン大学のライサン・ダーミッシュらは、被験者にゴルフのパッティングを10回させて、半数のグループAだけに「あなたのボールはラッキーボールです」と伝えました。

すると、グループAのカップイン率は10球中平均6・75回、何も伝えられなかったグループBのカップイン率は10球中平均4・75回という結果が出ました。

グループBのカップイン率よりも、グループAのカップイン率が35％も高くなるという驚きの結果です。

もちろん、ラッキーボールと思い込むことで、ゴルフが上手くなるわけではありません。

この実験の場合、グループAは「ラッキーボールを持っている」と思い込むことで、グループBよりも、緊張などのネガティブな影響が軽減されるという心理学的な影響によりカップイン率が上がったと考えられています。

○プラセボ効果とノーシーボ効果

「**プラセボ効果**」をご存じでしょうか。

「プラセボ」は、「偽薬」を意味します。効果のある成分を含んでいない偽の薬を飲んだ患者が、本物の薬を飲んでいると思い込み、実際に症状が改善するケースがあります。これをプラセボ効果と言い、**研究3** ハーバード大学医学部のヘンリー・K・ビーチャーの研究に端を発する有名な現象です。

さらにプラセボ効果は、実際に薬を飲んだときにも影響し、その効能を信じている患者が飲むと、よりよい結果が出るという研究もあるのです。たとえば、胃が痛いときに、単なる栄養剤でも、胃薬だと信じて飲めば、胃痛が治るということ。

もちろん、よくないことを信じても悪い結果しか出ないので、対象は「すべて」ではなく、その度合も「絶対」ではありませんが、よいと信じて取り組むと、よい結果が得られる確率が上がるのです。

ちなみに、プラセボ効果の反対で、薬の効果などを疑っていると、効果が減ってしまう**「ノーシーボ効果」**という現象まであります（研究4 ウォルター・P・ケネディーの研究によって世に出た概念です）。

なので、よい結果が出るかは分からないけど、悪い結果にはならなさそうな取り組みなら、基本的には信じるに越したことはないのです。**脳は、意外に単純で騙されやすいもの**ですから。

ラッキーボールの例も、「自分が持っているのはラッキーボールだ！」と思い込むことで、カップイン率つまり、よい結果の確率が上がるという実例なのです。

○「自分は不幸だ」と思うと、幸運を見逃してしまう

幸運の学術的研究に関する第一人者と称されるハートフォードシャー大学のリチャード・ワイズマンは、「いわしの頭も信心から（信仰心が深いと、いわしの頭すら尊く

思えてしまうこと）」は効果的な考えだと言います。

ワイズマンは、根本的に超常現象を否定する立場の研究者として、幸運と不運について客観的データと手法に基づいた、さまざまな実験や調査を科学的に行っています。

たとえば、**研究5** ワイズマンが行った「人々は運の原因をほとんど洞察していないが、彼らの思考と行動が幸運と不運の大部分を担っていること」を明らかにしたこんな実験があります。

ワイズマンは、自分を幸運と思う人と、不運と思う人を集め、両方に新聞を渡し、その中に写真が何枚あるかを探させました。

その新聞には、ページの半分を占めるスペースに、長さ5センチを超える大きな活字で、「これを見たと実験者に言えば250ドル（＝約3万8000円）もらえる」というメッセージが書かれています。要するに、ポイントは写真ではなかったのです。

結果、自称不運の人たちは写真を数えるあまりにこのメッセージを見逃す一方、自称幸運な人たちはメッセージを見つけて、予想していなかったラッキーな収入を得る傾向があったのです。

どうしてこのような違いが出るかというと、不運な人は幸運な人よりも緊張しやすく、その緊張によって写真以外の予想外の出来事に気づきにくくなると分析されます。結局、自分が不幸だと思っていると、視野が狭くなって、せっかく幸運が転がっていても見逃してしまうということです。

この実験について、ワイズマンは英国放送協会（BBC）の番組でこう語っています。

「パートナーを見つけるために参加したパーティーで、よき友人に出会う機会を逃してしまう」

「特定の求人広告を見つけようと新聞に目を通し、他の求人広告を見逃してしまう」

写真を探そうと集中しすぎて、250ドルを失うのは痛手ですが、それだけなら笑い話にもできます。

ですが、こういった視野狭窄《しやきょうさく》を起こしてしまう人は、素晴らしい友人や、自分に合ったよい求人情報に出会う機会も見逃しているのかもしれない――と考えると、少し話も違ってきます。

○ 自分の周りをハッピーでラッキーなことばで、いっぱいにする

だから、まずは「**自分はラッキーだ！**」と思うところからはじめる。

本書でも繰り返し出てきますが、脳科学の研究でも、脳は複雑怪奇でいながらも、簡単に自分自身で発することばやアクションに騙されてしまうというとても単純なところがあることが分かっています。

本気で思っていなくても、声に出して「自分はラッキーだ！」と何度も脳に聞かせると、脳を騙すこともできるのです。

言霊《ことだま》は迷信ではありません。幾多の科学的実験で実証されている事実です。むしろ、ことばを自分を緊張やストレスから遠ざけるおまじないにしてしまいましょう。

「ことばはその人の世界観をつくり出す」というのは、アメリカの言語学者ベンジャ

ミン・ウォーフが提唱したとても有名な言語学の理論です。ラッキーでハッピーな世界が自分の目の前に広がるように、まずは**自身を彩ることばをハッピーでラッキーなもので埋め尽くす**ようにしてください。

こう言うと、「ポジティブ思考になれ」と言われているような気になるかもしれません。ポジティブ思考は、もともとネガティブな人には逆効果で、よりネガティブになってしまうことが知られています。

しかし、ここで行っているのはポジティブ思考ではなく、単に使うことばを変えようと言っているだけです。とても簡単なアクションです。

さらに、あとで取り上げるハーバード大学発の実験（92ページ）のように、ことばを声に出さなくても、頭に浮かべるだけで脳は影響を受けてしまいます。逆に言うと、頭の中で「自分は不幸だ」と思うだけでも、悪影響が出てしまうので、頭の中でもポジティブことばで考えていきましょう。

2

ラッキーアクション

なんでも運のせいにしない

次にお伝えしたいラッキーアクションは、「**なんでも運のせいにしない**」です。

「はじめに」で、運は外的なものと、内的なものに切り分けられるとお伝えしました。代表的な研究としては、ウィリアムズによるものが挙げられますが、ここでしたいのは、その研究の具体的な説明ではなく、みなさんの「運」観の整理です。ここでは、みなさんが運をどう捉えているのかを、じっくりと考えていただきたいのです。

○なんでも運のせいにしてしまうと、人生の可能性が狭まる

「なんでも運のせいだとは思わない」という方は大丈夫なのですが、問題は、人生はすべて運次第と考え、悪いことがあったら「運が悪かっただけ。自分は悪くない」と思う方です。

冒頭に書いているように、「なんでも運のせいにしない」のは、ラッキーアクションです。逆に言うと、「なんでも運のせいにする」のは、悪運を引き寄せるアンラッキーアクションなのです。

もしも運がすべて、人間にコントロールできない「外的な運」なら、「全部運次第」という考え方も、そこまで間違ってはいないでしょう。

また、本当に確率的な問題で（試行回数が十分でなく）巡り合わせが悪く、たまたま上手くいかないことがあるのも事実です。

パチンコで、たくさん出る日と出ない日があるのと一緒です。でも、そんなパチン

コも、試行回数を増やすと、結局、当たる確率の輪にきっちりと収まることが分かっています。300分の1の確率で大当たりが出るパチンコ台だったら、何十万回・何百万回も回してみれば、最終的に300分の1前後の確率に落ち着くということです（ですから、300回を回すのにいくらかかるかが、最終的な勝敗の分かれ道になります。コントロールできる確率論の話なのです）。

しかし、実際には、**幸運かどうかは主観的な自分の心持ち**ですし、自分の選択で変えられる「内的な運」でもあるわけです。

この科学的な運の捉え方は、「運が悪かったな」と認識している嫌な出来事の中に、自分次第で結果を変えられたことが含まれている可能性を示唆します。

そう考えると、「なんでも運のせい」と思う考え方が、いかに人生の可能性を狭めるものか、お分かりいただけるでしょう。

言い換えるなら、「なんでも運のせい」というのは、人生においてノーシーボ効果を発揮してしまう考え方。

だから、なんでも運のせいと考えるのは、アンラッキーアクションなのです。
ぜひ、**自分の行動で、運、そして人生は変えられる**と信じてください。

○ 努力さえも、外的な運に左右される！

研究6 マイケル・サンデルの『実力も運のうち　能力主義は正義か？』（早川書房）などで話題を呼んだ、**「人間の能力は持って生まれた才能よりも、運で決まる。生まれ育った環境に左右される」**という考え方があります。

もちろん、人間の能力を磨くには努力が大切です。
人の評価や待遇は、能力や知識によって決まるべき、とする能力主義を支持する方は、「努力の量は運に左右されない」と考えます。だから、どんな人にも等しくチャンスが与えられるのは不公平で、能力主義こそがむしろ公平である──と。

しかしサンデルらは、「努力をしようと思える」こと自体が、環境に恵まれたものと考えます。

たとえば、生計を立てることに精一杯で、勉強の価値を一切感じていない両親の下に生まれ育った子どもが、家で勉強をしていて、親に「勉強なんて時間の無駄だからやめろ」と言われたら、どんな気持ちになるでしょうか？

勉強をするたびにそんなことを言われたら、やる気を削がれてしまう人のほうが多いでしょう。実際、親の経済力や学歴と子どもの学力には相関関係があることが知られていますし、研究7 コロンビア大学医学部のキンバーリー・G・ノーブルらの研究で、親の所得は子どもの脳の発達にも影響があることが分かっています。

だから、努力できること、その努力から培われた能力も、「環境に恵まれる」という外的な運によるものとする考え方があるわけです。

もちろん、だから努力の価値が低い、というわけではありません。努力は、絶対に無駄ではないのです。

環境に恵まれなかったのに、絶え間ない努力によって学力や体力を向上させ、人生を好転させることは十分可能です。困難な環境に置かれたからこそ、人一倍の努力をし、未知の可能性を見つけ出すことだってできます。

「親ガチャ」のような不公平はたしかに悲しい現実ですが、そのような不利な立場から這い上がり、幸運を手に入れた人は数えきれないほどいます。これこそ、私たちが持つべき確かな希望の一つです。

出生の時点で恵まれなかった人が、恵まれた人を見て「どうして自分だけが……」と感じるのは、とても自然なこと。

しかし、その状況をただ嘆くだけでは、人生が本当に〝運任せ〟になってしまいます。そうではなく、目の前にある希望に焦点を当て、運気を上げる行動を起こしましょう。ピンチこそがチャンスであり、不利な状況にこそ、改善のための可能性が秘められています。

悪い結果を「運のせい」「あいつのせい」「この世の中のせい」「親ガチャのせい」などと思ってしまう方こそ、なんでも運のせいにするのではなく、自力で運気は上げられると信じてください。

3

ラッキーアクション

「自分は運がいい」と信じる

「自分はラッキーだ！」と思うことは、プラスの結果を生む実証実験がありました。ここでも、ラッキーアクションとしては、「自分は運がいい」と信じることになるのですが、補足になる研究をさらにご紹介します。

○男性よりも女性のほうが、信じる力が強い？

このご時世、性別を分けて論じるのは少々気が引けますが、あくまでも実験結果の紹介ということで扱わせてください。

女性読者のみなさん、おめでとうございます。

研究8 コメンスキー大学のレンカ・コストビチョバは、数字や論理に関する課題をさせる際に、単に課題をしてもらった（課題のみ）グループと、「自分は運がいい」と思いながら課題をしてもらった（運がいい）グループの結果を比較しました。

すると、運がいいグループの女性のほうが、課題のみグループの女性より自己効力感が上がり、パフォーマンスも上がる傾向が出ました。一方、運がいいグループの男性は、課題のみグループの男性よりもパフォーマンスが下がり、女性と比べると、目につく結果となっています。

これは、女性のほうが「信じる力」が強いということ。

研究9 メリーランド大学のエリザベス・オルソンらの研究では、女性のほうが痛みに対する耐性に関して、より高いプラセボの効果が得られる結果が出るなど、信じる効果には男女差がある可能性が論じられています。

パワースポット信仰なども、女性のほうが「信じる」割合が圧倒的に多いというデータもあるので、基本的に女性のほうが、男性よりも本気で「運」について考えているように思います。

脳はとても騙されやすいことが分かっていますが、コストビチョバの研究も同じです。「自分は運がいい」と信じる力が強いことで、女性被験者のほうがよりよい精神状態で課題に臨め、結果にも影響が出たと考えることができます。

○ 無理なポジティブ思考は逆効果!?

コストビチョバの研究では、自分の幸運を信じて、プラスの結果を出す能力は女性のほうが高いという結果が出ているわけですが、これは男性にとっても悪い話ではありません。

これまでの内容を踏まえて、「同じくらい幸運を信じるぞ！」と前のめりになれば済む話です。それに、そもそもポジティブ思考が苦手な女性もいますよね。

ただ、ここで要注意の落とし穴があります。

「脳は騙されやすい」とお伝えしましたが、それでも、「自分が幸運だなんて……」と、なかなか受け入れられない方もいるでしょう。

その場合、「自分は運がいい」と信じてみるチャレンジを一度は試していただきたいのですが、「どうしても無理！」と思ったら、それ以上はやめておきましょう。

なぜなら、近年の研究では「無理なポジティブ思考」はよくない、というのも定説になりつつあるからです。これを表す「**トキシック・ポジティビティ**（有害なポジティブさ）」ということばもあります。

もともとネガティブな人が「ポジティブになれ」と言われると脳が激しく反応する、つまりある意味オーバーヒートのような現象が起こると 研究10 ミシガン州立大学のジェイソン・S・モーザーらの研究でも示されています。

また、研究11 パトラス大学のステファノフ・P・バシロプロスらは、ポジティブ思考をするグループと、ちょっとしたことを考えて気を紛らわせるグループに分けた被験者に、バスケットボールのシュートをさせて比較しています。

その結果、ポジティブ思考をするグループではむしろ不安を感じてしまう被験者が出て、気を紛らわせるグループでは不安が抑えられる傾向が出ました。

この実験と、ラッキーボールの実験を照らし合わせると、ポジティブ思考が苦手だと感じる方の対処法が見えてきます。

ポジティブ思考が苦手な人は、とりあえず、不安を感じたら気を紛らわせる自分の秘策というものを用意しておくことをおすすめします。

とはいえ、不安を抑えられるからといって、どんな問題にも気を紛らわせることで対処するのはおすすめしません。気を紛らわせるのは、あくまでも一時的な対処法で、根本的な解決にはならないからです。

○ ネガティブ思考の人に贈る三つのポイント

では、具体的にどうすればよいのでしょうか?

大切なポイントは、三つあります。

一つ目は、研究12 心理学者クリスティン・ネフが提唱した「**セルフ・コンパッション**」という考え方です。定義を簡単にまとめると、特に重要なのは「**自分の〝あるがまま〟を受け入れる**」ことです。

自分に合わないポジティブ思考を無理にすると、むしろ不安が大きくなってしまう。かといってネガティブ思考がいい、というわけでもないのです。

ネガティブな心理状態が続くと、健康状態にも悪影響が出るという研究はとてもたくさんあります。なので、ポジティブ思考が苦手でも「自分は前向きなメンタリティになれない……」と、そのことをネガティブに受け取るのも避けたいところです。

そこで、〝ポジティブすぎるのは苦手〟という自分らしさを、そのまま受け入れるのです。「なんでネガティブ思考になってしまうんだろう」と思わずに、「それくらいがちょうどいい」と、ありのままの自分を認めてください。

二つ目は、「**ネガティブな結果を恐れない**」ことです。

ポジティブ思考になってネガティブな結果が出なくなるなら苦労はありません。ポジティブ思考だろうがネガティブ思考だろうが、外的な運の観点からすれば、所詮、確率論の話になるわけですから、よい結果が続く可能性も、悪い結果が続く可能性もあるわけです。

問題は、その結果の受け止め方です。ワイズマンは、幸運な人と不運な人の違いとして、不運な出来事に遭遇した際の「受け止め方」を挙げます。

幸運な人は、よくない結果が出たとき、失敗から学び、自分を成長させられるチャンスと捉える傾向があります。

対して、不運な人は基本的に「運のせい」にしてしまい、その結果を振り返ろうとする意識がないので、また同じようなことがあったときに失敗を繰り返す傾向があります。また、失敗を前向きに捉えるメンタリティがないので、失敗するたびに精神的にもネガティブになりがちです。

ポジティブ思考が苦手な方でも、ネガティブな結果が出たときに、その原因を分析することは問題なくできるはずです。

その結果、本当に運のせいなら精神的にも楽になりますし、原因が自分にあったら、一時的には落ち込むかもしれませんが、それを肝に銘じれば同じ失敗を繰り返してしまう確率を大きく減らせます。

そして三つ目が、「**自分を悪者にしすぎない**」ことです。

ネガティブな結果が出たら、それを成長の機会と捉えて、しっかりとその結果に向き合う。そのうえで、自分に非があったと実際に感じたら、「自分のせいだ」と思い、反省する。そうすれば、失敗から学ぶことができるでしょう。

しかし、本当に外的な運による失敗もあります。そんなときまで自分を責めてしまうようでは、よくありません。

バシロプロスらの研究を思い出してください。この実験では、ポジティブ思考をするよりも、気を紛らわせると不安が減る傾向がありました。これを見て、「(ラッキーボールの研究と) 反対だ」と思った方もいるのではないでしょうか。

ダミッシュらは、気を紛らわす行動をさせたわけではありませんが、普通のボールを使うほうが緊張に負けて、ラッキーボールをポジティブに信じられる人のほうがリラックスして、本来の力を発揮する結果が出ています。

この二つの実験における「運」の主体が、それぞれ「ゴルフボール」と「（バスケットボールの）シュートをする自分」である点が結果の違いに出ているのでしょう。

ボール主役と自分主役で大きく変わるのは、不安や緊張が直結する失敗したときの責任のありかです。ラッキーボールは、失敗してもボールのせいにできます。

しかし、シュートする自分が主役だと、「ポジティブ思考をしたのに上手くいかなかったら……」と、よりネガティブな想像をしやすい人が出やすくなると思いませんか？

この違いによって、バシロプロスらの実験のようにトキシック・ポジティビティが出たのでしょう。

ネガティブな思考に悩むみなさんへ贈りたいアドバイスとして、まずは、自分自身を優しく受け入れる「セルフ・コンパッション」を大切にしてみてください。

次に、失敗やネガティブな結果に対する恐れを手放し、それらを成長の機会として捉える勇気を持ってください。

そして最後に、自分を過度に責めることなく、失敗を外的な運や自分の成長過程の一部として見る柔軟さを持ちましょう。

心に重荷を感じたときは、自分への愛と優しさを忘れずに。これら三つのステップを踏むことで、少しずつでも自分の心に寄り添い、ポジティブな変化を感じられる日が来ることでしょう。どうか自分を信じて、一歩ずつ前に進んでいきましょう。

4

ラッキーアクション

現実的なポジティブ思考をする

続いてのラッキーアクションは、「**現実的なポジティブ思考をする**」ことです。

研究13 ハンブルク大学の心理学者ガブリエル・エッティンゲンは、著書『成功するにはポジティブ思考を捨てなさい　願望を実行計画に変えるWOOPの法則』（講談社）の中で、むやみやたらなポジティブ思考に警鐘を鳴らしています。

ただし、エッティンゲンの目的は行動の重要性を伝えることであって、ポジティブ思考の全否定ではありません。

むしろ、ポジティブ思考の重要性が分かる実験を、エッティンゲン自ら行っています。

○楽天的なポジティブ思考では失敗する!?

ダイエットのプログラムに取り組む肥満女性に、目標達成に対する自信を尋ねたところ、「自信がある」と答えた被験者たちは、そうでない被験者と比べて約12キロ多く減量に成功する結果が出ています。ポジティブ思考の強さ、さらには女性の信じる強さを裏づける研究と言えます。

では、エッティンゲンはなぜ、ポジティブ思考に警鐘を鳴らすのか？

その答えも、同実験にあります。

被験者に自信を尋ねるとき、エッティンゲンは「食べ物の誘惑に勝てると思うか？」とも質問しているのです。そして、「誘惑に勝つのは簡単」と考える被験者と、「そうではない」と考える被験者とでは、後者のほうが約11キロも多く痩せるという驚きの結果が出ています。

裏を返せば、目標達成を甘く見るポジティブ思考の人は、ほとんど痩せられなかったわけです。

この研究は、自分の価値を低く見積もるネガティブ思考はNGですが、「未来の想像」についてなら、ネガティブ思考がむしろプラスになることを教えてくれます。

大切なのは、**楽観的なポジティブ思考ではなく、現実的なポジティブ思考で目標に臨む**ことです。

簡単に成功できそうなら、わざわざ目標にはしないでしょう。基本的に、目標達成への道筋には多くの壁があるのが当たり前です。

アメリカで大活躍する野球選手の大谷翔平が、高校時代に詳細なマンダラチャートで目標達成への道筋を考えていたエピソードは有名です。自分が目標に到達するために必要だと思うものをリアルに想像すると、そこに立ちはだかる障壁を具体化できるので、アクションに繋げやすくなるわけです。

単純なたとえですが、大谷選手に憧れて、「自分は大谷みたいになれる！」とポジティブに思うけれど、現状では特に身体能力に恵まれているわけではない同い年の小学生A君とB君がいたとします。

A君は特に未来のことを考えず、ただポジティブに「大谷になれる」と思っている。

一方、B君は大谷選手や、幼い頃から身体能力が高かったアスリートが、幼少時代にやっていたトレーニングなどの取り組みを調べて、自分の現在位置との差を比較してポジティブに「大谷になれる」と思っていたとしたら——。

おそらく、夢が叶うかどうかはともかく、10年後、20年後に大谷選手に近づいているのはB君に違いありません。

○そもそも人間はネガティブ思考が当たり前

また、研究14 エッティンゲンは、ダイエットに取り組む女性だけでなく、条件のよい就職先を探す学生、パートナーを探す独身者、人工関節置換術を受けた高齢者らを対象に、同様の実験を行っています。

これらの実験でも、やはりポジティブ思考でありながら、目標達成の困難さを認識している現実的な被験者が、そうでない被験者よりも熱心に、就職活動やパートナー探し、リハビリテーションに取り組み、成功する結果が出ています。

そもそも論で言うと、**人間はネガティブ思考が普通**です。

人の心を進化論の観点を取り入れて考える「進化心理学」という分野があります。

進化心理学では、人類の進化の長い歴史から考えると進化にはとても長い時間がかかるのに、文明の発展などはつい先ほど起こったようなものなので、人間の心も体も旧石器時代から大きく変わっていない、生物としての進化が追いついていないと考えます。

家も、便利な道具も、蛇口《じゃぐち》をひねれば水が飲める水道も、食べ物が買える店もなかった時代の人間の生活は、夜暗いだけで恐ろしく、いつどこで獣に襲われるかも分かりませんでした。ちょっとした怪我や病気でも命を落としてしまいます。ですから、常に警戒し、危険そうな情報にアンテナを張り巡らせることが、生存率を大きく左右するので重要だったのです。

特に、ネガティブな情報は自分にとって不利な情報ですが、そんな情報に注意を払えるほうが危険や脅威に対して準備や対処がしやすく、生存競争において有利だったわけです。ですから、人間には本能的にそういう情報に注意が向くようにできているということです。

というわけで、**自分が少々ネガティブ思考でも、気にすることはありません。**似た性格や考え方の人はたくさんいますし、見方を変えれば、ネガティブな人は危機意識が高い人。とても高性能な生命維持のためのアンテナを備えた人なのです。

ですから、**ポジティブ思考が苦手な人は、ぜひネガティブ思考を、自分の現在地ではなく、未来の目標達成のために働かせましょう。**

そして、その簡単ではない未来予想図を恐れるのではなく、「そんな自分だから、エッティンゲンの実験のように成功に近づくんだ」と現実的なポジティブ思考を奮い起こしてください。

5

ラッキーアクション

目標は紙に書いて、部屋に貼る

みなさんは、「絶対合格！」などと目標を紙に書いたりするでしょうか？

ドラマや漫画などで、そんな目標を書いた紙を部屋に貼り、はちまきを巻いて勉強に集中する受験生――みたいな描写を見たことがある方は多いと思います。

とはいえ、少々レトロな印象があることは否めません。そもそも若い読者は、ピンと来ない光景かもしれませんね。

ただ、そんなアナログな取り組みも、決して捨てたものではないのです。実は科学的なラッキーアクションだったりします。

○ 夢は人に話したほうが実現しやすい

研究15 ドミニカン大学カリフォルニア校のゲイル・マシューズは、アメリカ・ベルギー・英国・インド・オーストラリア・日本からさまざまな業種の被験者を集め、目標を設定し、達成に向けて努力するグループをつくりました。

各グループの目標の中身は被験者にお任せで、マシューズは目標の扱い方を、次の五つに分けて指示しました。

A 目標を書かない（ただ思い浮かべるだけ）

B 目標を書く

C 目標と行動の約束を書く

D 友人宛てに目標と行動の約束を書く

E　友人宛てに目標と行動の約束を書き、進捗記録を毎週報告する

すると、この5グループの目標達成率は、グループAと比較して、Bが約1・2倍、Cが約1・4倍、Dが約1・5倍、Eが約1・8倍という驚きの結果が出ました。

マシューズの同様の研究でも、目標とやるべきことを書き、それを友人に話すと19％、進捗を友人に毎週報告することで33％も成就率が上がる結果が出ています。

「海賊王に俺はなる！」とただ心の中で思ってなれないのと、周囲の人に公言してなれないのとでは、後者のほうが確実に恥をかく羽目になります。

人はできるだけ恥ずかしい思いは避けたいものですから、目標を公言すると「達成できない場合は恥ずかしい」という気持ちを生み、「達成するためには頑張るしかない」と具体的な行動に繋げる効果が期待できるわけです。

このような宣言の効果（研究16 心理学者のクルト・レビンが提唱した「パブリック・コミットメント」と言います）を裏づける研究は、他にも数多くあります。

○夢の実現を後押しする「手書き」の効果

さらに、「書く」ことにも着目してください。

ただ見たり、タイピングするよりも、手書きで勉強するほうが脳を刺激できるので効果的だったり、脳内のモヤモヤが整理できるので、メンタルヘルスやワーキングメモリの機能の向上に効果的だとする研究も多数あります。

マシューズの研究は、そんな手書きの効果と「約束」の重みを結びつけているわけです。

目標を書かず、ただ思い浮かべるだけのグループAは、一番軽い自分との約束です。自分の誇りは傷つくかもしれませんが、失敗してもバレずに済みます。

グループBも自分との約束ですが、手を動かして紙に書くと、より重い約束になります。また、冒頭で触れたように、書くだけではなく部屋などに貼り、毎日目につくようにするとより効果的です。

さらにグループCでは、目標達成の道筋に必要な行動を明確にするので、自分をより追い込むことができます。

友人に見せるグループDまで来ると、バレずに目標を投げ出すことができなくなり、恥をかきたくなければ目標に向き合うしかなくなります。

そしてトドメのグループEは、さらに「目標達成に必要な行動」をちゃんとやっているかまで他者と共有することになるので、さらにサボりにくく、たゆまぬ努力が求められる形になるわけです。


このような理由から、目標を可視化（できれば手書きで）して、その内容を人に話して共有することが、行動の強制力を生み出すことになり、最終的に目標達成の確率を上げられるのです。

進捗まで共有するのはハードルが高いですが、紙に書いて貼ることはすぐにでもできそうではありませんか。

6

ラッキーアクション

背筋をピンと伸ばす

実際のところは気にせず、とにかく先に「自分はラッキーだ！」と思うとよい、とお伝えしました。似たような話で、もう一つ押さえておきたいポイントが、「**体が先、脳が後**」という順番です。

このことをご存じでない方は、私たちの体の動作は「脳が体に指令を出して、それを受けて体が動く」という順番で決まっていると思われるかもしれません。

しかし、脳波を調べる技術の進歩などによって、「体が先、脳が後」は近年の科学的な常識となっています。簡単に言うと、じゃんけんをするとき脳内でグーを出そうと思ってから体がグーの動きをするのではなく、グーを出そうと体が動きはじめてから脳がグーを出そうと思いはじめるイメージです。

研究17 カリフォルニア大学のベンジャミン・リベットらの研究では、脳が「○○しよう」と意識する信号よりも、脳がその動作を体に伝える信号のほうが、平均で0・35秒早いという結果が出ているのです。

○ 形から入る

つまり、「病は気から」とよく言いますし、実際に体の健康と心の健康は分かちがたく結びついていると思うのですが、その「ポジティブな気分」を決めているのは脳ではなく、体だったりするかもしれないんですね。

そこでおすすめのラッキーアクションが、「**背筋をピンと伸ばす**」ことです。

研究18 コロンビア大学のダナ・R・カーニーらは、被験者にわざと「堂々とした姿勢」

と「縮こまった姿勢」をしてもらい、両グループにギャンブルをさせる実験をしたところ、堂々とした姿勢のグループのほうが、よりリスクの高い賭けを好んでする結果が出ています。

簡単に言うと、背筋を伸ばすだけで、人間は強気になれるというわけです。リスクがあっても、躊躇《ちゅうちょ》せずに強気になって行動が起こせるようになる。そして行動を起こせば、運気が上がります。

「幸運」とは実に漠然とした概念ですが、確実に言えるのは「『よい』か『悪い』かで言えば『よい』」ということです。

健康状態なら、幸運な人のほうが不運な人より元気ですし、お金も幸運な人は不運な人より多く持っている。少なくとも、イメージでは誰もがそう思うのではないでしょうか。

同じように、背筋がまっすぐの人と、猫背で下を向いている人がいて、「どちらがより幸運な人か」と尋ねたら、ほとんどの人が前者だと答えるはずです。

だから、まず形から入る。幸運な人のように振る舞う。
中でも、姿勢は最も簡単にできる「形から」の方法です。
そして、体が先、脳が後。
なので、形である体を変えれば、心もついてくるわけです。

○ 姿勢次第で、ハッピーにもアンハッピーにもなる

さらに、姿勢についての研究は多くあり、「体が先、脳が後」という話を抜きにしても、科学的な効果が立証されています。

たとえば、先述のカーニーらの実験で、被験者の唾液を調べたところ、堂々とした姿勢の被験者たちからは、決断力や積極性や攻撃性に関係する「テストステロン」というホルモンが増え、ストレスを受けると分泌が増えるストレスホルモン「コルチゾール」が減っていたのです。

攻撃性がよくない形で発露することもありますが、前向きな気持ちでストレスも少ない状態というのは、基本的には「幸福」を感じる状態と言えます。

研究19 オークランド大学のカリッサ・F・ウィルキーズらの研究でも、背筋を伸ばすと自己評価が高くなり、気分もよくなり、恐怖心も少なくなるということが示されています。

他にも同じく 研究20 オークランド大学のシュウェータ・ネアーらの研究でも、軽度・中程度の61人のうつ患者に胸を張ってもらったところ、肩をすぼめていた人たちよりも、よく話し、ポジティブな気持ちになり、不安も減少していました。

すなわち、背筋をピンと伸ばすことは、ラッキーアクションであると同時に、ハッピーアクションでもあるわけです。

お金や時間をかけずにできるアクションとして、こんなによいものはそうそうありませんし、背筋がピンと伸びている人は佇《たたず》まいが素敵です。ぜひ、実行してみてください。

こぼれる涙があろうとなかろうと、上を向いて歩きましょう！

※ちなみにカーニーはこの結果に関して自身で反論を出していますが、その後、研究21 共同研究者のハーバード大学のエイミー・J・カディに完璧に論破されています。

また、ここでご紹介したウィルキーズらやネアーらの研究のように、背筋を伸ばすことで得られるポジティブな効果に関する研究は枚挙にいとまがありません。科学というのは、こうやって議論を戦わせることが大切で、何が正しいかは簡単には決まらないのです。

7

ラッキーアクション

パワースポットを巡る

大きな滝や歴史ある神社仏閣などに興味のない方からすると、あまり意味がない行動に思えるかもしれませんが、「**パワースポット巡り**」も、立派なラッキーアクションです。

○ やっぱり信じる力は最強

パワースポットの効果が現れる理由は、いくつかあります。

まず、「**効能を信じていること**」です。

繰り返しになりますが、信じる力は最強です。脳をも変えてしまう力があります。

だから、極端な話、誰もそこをパワースポットとは呼ばない、街角の欠けたブロック塀などであっても、そこを本気でパワースポットだと信じられる人がいたら、十二分にパワースポットとして機能します。

たとえば、**研究22** チェスター大学のニコラ・ラシキエビッチとジェームズ・クック大学のワン・イー・テオによる研究では、ラッキーペンと言ってペンを与えられた実験参加者は、ストレスが軽減され、自分のパフォーマンスが向上したと感じている傾向があったそうです。何かに頼ることで、安心感や精神的な平穏が得られ、ストレスが軽減され、結果の向上に繋がるというわけです。

似たような話として、ジンクスやルーティンがあります。

これらに効果がある理由として大きいのは、やることを決めると考えずにできるので、脳のワーキングメモリを空けられる。その結果、それ以外のことに集中できる——という脳科学的なものです。

ですから、最大の効能ではありませんが、「このルーティンをこなせば上手くいく」と本気で信じられている人なら、ラッキーボールの実験のようなポジティブな効果も期待できます。

ほとんどの信心の効果は、この理屈で通ってしまうので、ある意味ズルい話ではあるのですが、「自分は運がいい」と信じ込むことは、それだけ大きな力があるということです。

○ 幸せが先、成功が後

実際、研究23 ポジティブ心理学の研究者ショーン・エイカーは、「成功した人が幸せ」ではなく、「**幸せな人が成功する**」という順番だと説いています。

「体が先、脳が後」と似たような話ですが、なんとなく、「人間は成功を収めるから幸せになる」と思う人のほうが多数派であるように思います。でも、そうではなく、「**幸**

せが先、成功が後」なのです。

実際に自分が置かれている環境や状況がどうであれ、とにかく運がいいと信じ込むことに効果があることは、ここまでに説明したとおりの科学的な事実です。

幸せと幸運は完全にイコールの関係ではありませんが、「幸運だ」「運がいい」と思える人が各種研究で出したいい結果は、実生活に当てはめると、勉強や仕事のパフォーマンスアップに直結します。

そしてエイカーも、幸せな人が成功するのは、自分を幸せだと思えることで、競争力に繋がるからだ――と説き、そんな幸せの力を「**ハピネス・アドバンテージ**」と呼んでいるのです。

この理屈を見ると、幸せが成功を呼ぶことも納得できるのではないでしょうか。

成功を収めている経営者などで、風水を気にしたり、神社仏閣巡りを真剣にしている方は珍しくありません。「信じる力は救われる」というのも、一つのハピネス・アドバンテージなのです。

○自然のパワーで幸福感も高まる

そして、もう一つの理由としては、「パワースポット」と呼ばれる場所のほとんどは、自然の中にあるからです。

ロケーションを問わず、パワースポット自体の効能を信じる人のほうが強いラッキーアクションになるのですが、人間は自然と触れ合うことで、「心の洗浄効果」「リラックス効果」「ポジティブシンキング」など、さまざまなメリットを得られるので、「運がよくなった」と思えるようです。

たとえば、研究24 シカゴ大学のマーク・G・バーマンらの研究は、自然の中で過ごすと、集中力、記憶力、創造性、問題解決能力などの認知機能にプラスの影響がある可能性を示唆していますし、自然の画像を見ただけでも認知機能の向上が見られたそうです。

また、研究25 アラバマ大学のホン・K・ユェンとギャビン・R・ジェンキンズの研究では、具体的な行動を指定せず、被験者にただ公園で過ごしてもらうことで、約60％もの被験者の健康状態がよくなり、幸福感も高まっています。

つまり、そこがどんなパワースポットでも、自然がある場所であれば、心身の健康状態や脳のはたらきにいい影響が得られ、結局、仕事やプライベートなどにもいい影響を及ぼすわけです。

そして、その理屈で言うと、大都会のパワースポットとして有名な東京の明治神宮なども、大都会の神社仏閣には違いありませんが、その周辺だけは緑が生い茂っていたりしますよね。

進化心理学の話を思い出してください。

人間の進化には時間がかかるので、私たちの脳や体の大元のつくりは、ここ100年の社会の劇的な変化にはまったく追いついていません。

つまり、私たちの体は、コンクリートの建物やアスファルトやレンガで舗装された道路に囲まれた生活に、真に適応したものにはなっていないのです。

だから、自然と触れ合うと、リラックスし、幸福感を覚えるようにできているんですね。

ということで、結論としては、**信じる力と自然があれば、パワースポット巡りも効果あり！**ということ。「ご利益でラッキーになった」と思えるうえに、自然のパワーで幸福感も増すので、ラッキーとハッピーを同時に得られる一挙両得のアクションです。

8

ラッキーアクション

自然の中で仕事をする

自然の力について、別の方向性の研究もご紹介しましょう。

研究26 カンザス大学のルース・A・アッチリーらの研究では、数日間、自然の中で過ごすことで、創造的問題解決力が50%向上したそうです。

自然の中では、街中で見かける情報量盛りだくさんの広告や道行く人々、スマートフォン（スマホ）の通知といった外部からの刺激や情報が少なく、余計な注意をしなくていいこと、感情的にポジティブになり、風の音、木々のざわめき、川のせせらぎなどが覚醒度を低下させて、リラックスや穏やかな気持ちをもたらしてくれることなどから創造性が向上すると考えられています。

また、**デフォルト・モード・ネットワーク**という、創造性と深いかかわりのある脳の働きが活性化されることも指摘されています。

デフォルト・モード・ネットワークというのは、何かに集中しているときと逆の状態で、**ぼーっとしている状態**に近いものと考えてください。集中しているときは、脳は、やっている作業を最適化するために、関係する脳のエリアを集中的に働かせます。何か一つの行動に集中すると、そのために必要な部位に血液が多く流れて、他の部位の働きは鈍くなります。

一方、ぼーっとしているときは、特定のエリアではなく、脳全体を働かせている感じになるのです。

○ ぼーっとするとアイデアが出やすくなる？

この研究の第一人者である 研究27 ワシントン大学のマーカス・E・レイクル

の研究チームは、ぼーっとすると脳は平常時の15%も多くのエネルギーを使うことを研究で明らかにしています。

つまり、実は、脳はぼーっとしているときこそ一所懸命、いや、「全」所懸命働いているということ。

ぼーっとすると脳の一部に集中せず、血液が均一に流れるので、日頃何かをしているときに使われていなかった部位にもエネルギーが届き、普段とは違う脳内の結びつきが生まれやすくなっているため、創造的なアイデアが生まれやすくなるわけです。

創造的なアイデアの多くは、理詰めで導き出すものではなく、不意にひらめくもの。それが、まさにこのデフォルト・モード・ネットワークの働きなのです。

アイデアが降りてきた瞬間は、自分なりに努力を重ねた結果であっても「ラッキー！」と思うものです。

この感じ、クリエイティブな要素の多い仕事をしている読者の方なら、なんとなくピンと来るものがあるのではないでしょうか。そういう仕事の人には散歩好きが多いのも納得です。

経営者や、企画を考える会社員、小説や漫画や音楽を創作する作家などにとっては、アイデアが降りてくるように自然の中で過ごすのは、ちゃんと科学的にも根拠のあるラッキーアクションなわけです。

アッチリーらの研究は、自然の中で数日間過ごすというものでしたが、日本的な働き方ですと、なかなかそういう時間も取れないのではないかと思います。

また、自然といっても必ずしも大自然である必要はありません。

都会でも、公園などのちょっとした緑がある場所にいるのが心身の健康にはいいということが、研究28 北京林業大学のディ・リンらの研究などでも示されています。

ポイントは、**刺激の少なさ、そしてぼーっとできる時間**ですので、日々の生活の中で、これらの条件を満たせる場所を持っておけばいいわけです。

クリエイティブ職の方は、時折ぼーっとする休憩を必ず入れるルールで、公園やキャンプ場など自然の中で仕事をしてみてはいかがでしょうか?

9

ラッキーアクション

湯船につかる

仕事で疲れ果てて帰宅し、心も体も疲労感でいっぱい。

そんなとき、温かいお風呂にじっくりとつかることで、心も体も解放される経験をしたことは、きっと誰しもあるはず。実は、この一見単純で日常的な行為が、私たちの運気を上げるラッキーアクションでもあるのです。

○ α波は、創造的なアイデアをもたらす

日常的に湯船につかるというのは、日本、韓国、台湾などの東アジアに見られる習慣ですが、さまざまな健康上によい効果があるのはよく知られていますね。

たとえば、**温熱効果**。

体が温まることで血流が促進され、酸素や栄養が体中に行き渡ります。この血流の改善によって老廃物が排出され、血液がサラサラになり、心身の健康が向上します。免疫力が高まるとも言われています。

お風呂のもう一つの重要な効果は、静水圧による**マッサージ効果**です。水圧が体にかかることで、自然と息を深く吐き出し、リラクゼーション効果が生まれます。

さらに、水の中では体が軽く感じられる**浮力効果**も重要です。体重が実質的に軽くなることで、関節や筋肉への負担が減少し、深いリラックス状態に導かれます。このような肉体的なリラックスは、心理的なストレスの軽減にも繋がります。

こういう効果が得られるだけでも、なんだかラッキーでハッピーな気持ちになりますが、入浴がラッキーアクションであるという理由は別のところにあります。

入浴は、脳波にも興味深い影響を与えます。研究29 北海道大学の藪中宗之らの研究によると、入浴後にα波が増え、特に大浴槽だとその効果が大きいようです。

α波は、心身ともにリラックスしていたり、集中している状態のときに引き出される脳波です。研究30 ロンドン大学クイーン・メアリー校のキャロライン・ディ・ベルナルディ・ルフトらの研究が、α波と創造性には大きな関連があることを実証しています。ざっくり言うと、α波が出ている状態だと、凝り固まった考え方を抑えて、創造的なアイデアをもたらしてくれるというのです。

また、創造性などと深いかかわりのあるデフォルト・モード・ネットワークという脳の働きも、リラックスした状態のときに活性化しやすいことが知られています。ですから、心身のリラックスをもたらすシャワーや入浴をしている状態のときに活性化しやすくなるわけです。つまり、「アイデアが降りてくる」という状態をつくりやすくなります。
アイデアが浮かぶかどうかは、運とよく結びつけて考えられますが、入浴などの人為的な方法でも降りてきやすい状態をつくり出せるわけです。

○できれば毎日、お風呂に入ろう

さらに入浴は、幸福感を高めるハッピーアクションでもあります。

研究31 東京都市大学の早坂信哉らの研究によると、毎日お風呂に入る人は、入らない人に比べて幸福度が高いそうです。幸福感は心身の健康にいい影響を与え、その結果、運気を上げることに繋がります。

また、研究32 金沢大学の石澤太市らの研究によれば、入浴頻度が高い人たちは、緊張、不安、抑うつ、落ち込みの割合が低いうえ、自身が健康であると感じやすく、睡眠の質が高いということが分かりました。

さらに、全身浴をしている人たちのほうが、疲労感も小さかったそうです。入浴は、心身を「整えて」くれるわけです。

このように、入浴は私たちの心身の健康を良好に保ち、科学的根拠に基づいた方法で運気を上げる一つの手段となり得ます。日々の忙しさの中にあっても、こんなにシンプルで効果的な方法を意識的に実行することで、よりラッキーでハッピーな生活を実現することができるわけです。

10

ラッキーアクション

直〝感〟ではなく、直〝観〟を大切にする

ここまで、何度も「行動」の重要性をお伝えしています。

「下手な鉄砲も数撃ちゃ当たる」の意識は、運気を上げるうえで大切なもの。統計的にも正しい運との向き合い方です。つい考えすぎて、何もしないままで終わってしまうくらいなら、下手な鉄砲でも撃つに越したことはありません。宝くじは、買わなければ当たらないのです。

とはいえ、行動の数も大切ですが、質も大切です。幸運の魚をたくさん釣り上げる

なら、理想は「上手な鉄砲を数撃つ」こと。

しかし、エッティンゲンが行動の大切さを訴えているように、基本的には、質を上げるのに時間をかけすぎたり、失敗を恐れすぎたりすることで、行動の数が減ってしまい、成功に手が届かない人のほうが多いと考えます。

○「直感」と「直観」は似て非なるもの

ですから、どんどん行動すること自体はいいことです。

ただ、そこで意識してほしいポイントがあります。

それは、「直感」ではなく、**「直観」**を大切にすることです。

「直感」は、英語だと〝Inspiration〟、よく言えば「ひらめき」、悪く言えば「山勘」です。

「ビビッと来た」的な感覚は直感です。

対して「直観」は、それまでの人生の積み重ねから導き出される瞬間的な反応です。

将棋や囲碁の棋士が、時間をかけずに盤面を読んで繰り出す一手に似た、職人技的なもので、英語では〝Intuition〟となります。我が国の研究機関の最高峰でもある理化学研究所でも、棋士に焦点を当てた直観の脳科学的研究は特に力を入れたテーマとして推し進められています。

日本語だと、「直観」の意味合いで「直感」と言う人もいますが、英語では切り分けられている日常でも普通に使う区別です（日本語で言う「女の感」は、英語ではwomen's intuitionと言います）。

純粋な山勘と、藤井聡太さんのノータイムの一手に大きな違いがあることは間違いありません。

○自称「幸運な人」と「不幸な人」を調べてみた結果

そんな直感と直観についても、こんな研究が行われています。

研究33 ワイズマンは、被験者が重要な決断をしたときのことを、自称「幸運な人」

と自称「不幸な人」に分けて調査しています。幸運な人は、不幸な人よりも、重要な決断が上手くいった可能性が高いと考えて、このような変数を設定しているわけです。結果としては、重要な金銭的決断をしたとき、幸運な人は、不幸な人よりも約20％多く直観（=Intuition）に頼っていました。また、キャリアについての決断も、ほぼ同じ結果が出ています。

つまり、**直観を頼りに瞬発力高く行動する**ことが大切になります。

また、何もしないよりは、するほうが成功の確率は上がるので、直感であってもビビッと来ることがあったなら、（失敗した際のダメージが少なく、周囲への迷惑がないものである場合）直感に従って「とりあえずやってみるか！」とチャレンジするのもよいでしょう。

人は、やったことよりも、やらなかったことをより後悔する生き物。それは、多くの研究でも示されている事実です。

やらない後悔よりも、やる後悔——。

まずは、自分を信じてやってみることが大切です。

11

ラッキーアクション

無駄なことをする

「はじめに」でもお話ししたように、運気を上げるには、なんらかの**行動をする**ことが大事です。

しかも、可能であれば、目的のことだけでなく、いろいろ関係ないことなんかもやってみるのがおすすめです。

○ 無駄なことは無駄じゃない

一見、無関係・無駄に見えるものが、将来どんな形で花開くかというのは、予想できないのですから、できるだけいろいろな可能性を考えて、動いておいたほうがいいのです。

研究34 ワイズマンによると、同じ人と同じような話をしたり、同じ生活を繰り返していても運はやってこないので、**新しい「挑戦」を繰り返すべき**だと言っています。**自分の可能性は、他者との掛け算でいくらでも広がります**。いろいろな人に会って、いろいろなところに行って、いろいろな体験をする。これが運気を上げる基本になります。そうすることで、最終的な人生の成果としての幸福度を大きく変えていく。行動という投資なくしては、幸運という利益もないのです。

○ 不便益を使いこなせ

「不便益」という考え方があります。これは、研究35 京都先端科学技術大学の川上浩司の研究です。

不便益とは、「不便の益（benefit of inconvenience）」つまり、科学技術の進歩などにより現代社会では淘汰されてしまっている余計な手間である「不便」の中にこそ隠れた大切な効用があるという考え方です。

たとえば、スマホを使えば、いつでもどこでも簡単に調べものができますし、メールなどを使えばすぐに友人と連絡を取れます。しかし、実際に図書館に行って、いろいろな調べ物をしたり、友人と直接会って話すことで得られる利益があります。そういった、無駄なことのように思える行動の中から利益をちゃんと引き出していこうとする考え方です。

ともすれば、機能性を重視した行動に陥りがちですが、あえていろいろな人に会ってみる、一見無駄と思えるようなことでもいろいろやってみることが大切なのです。

私自身の話を一つ。博士論文を書いていたときのエピソードです。問題の解決法が思いつかず、半年から一年近くも筆が止まっていたことがありました。論文を書かなければ卒業できないし、就職もできないため、将来のことを思うと目の前が真っ暗になり、退学さえも考えはじめていました。

そんなとき、同じ大学院の友人たちがいつもたむろしている学内のカフェに立ち寄りました。私は、そういう時間にあまり意味を見出せない人間だったうえ、学校に滞在できる時間も限られていたので、普段だったら絶対にカフェには立ち寄らなかったはずですが、その日は、なんとなくそこに立ち寄り、友人たちと雑談をはじめました。

その中で、最近の研究の進捗を聞かれ、こんなところに行き詰まっていると説明していたところ、友人から質問などを受けているうちに、突然、頭の中でいろいろな話が結びついて、解決法が浮かんできたのです。

人に話すためには、論理的に説明しなければいけませんし、友人が自分になかった視点をくれたのが結局、頭の中を整理するきっかけになり、解決への糸口まで見えるようになったというわけです。

一見、普段であれば無駄だと避けてしまうカフェで雑談をする時間こそが、自分の人生を大きく左右する時間になりました。

ちなみに、人付き合いの話で言うと、研究36 テンプル大学のキャロル・シルバらの研究によると、友人の存在が「挑戦」を増やすそうです。他にも、友人関係が広い人ほど問題解決能力が高い、ウェルビーイング（生きることへの満足感）が高いという研究もあります。

やはり、人間は社会的動物。他人と共に生きることで生存確率を高めてきた生き物です。一見無駄に見える人付き合いなども、運気を上げる大切な要素なのです。

12

ラッキーアクション

新しいものに飛びつく

英語には、〝Curiosity killed the cat.〟「好奇心は猫を殺した＝好奇心もほどほどに」ということわざがあります。

一方で、〝A cat has nine lives.〟ということわざもあります。猫は9つの命があるほどなかなか死なないというものです。そんな猫でも好奇心には大きなリスクを伴うものなのでしょう。いわんや動物の中では身体的能力や耐久力という観点からは生命力が弱い部類に入る人間は……というわけです。

しかし、ここでご紹介したいラッキーアクションは、その正反対と言える**「新しい**

ものに飛びつく」ことです。

○ 好奇心は猫はおろか、人も殺さない

好奇心とは、未知のものに関心を惹かれることですが、未知のものに飛びつくことは、たしかにリスクの高い部分があるでしょう。人間を含む動物は、基本的に未知のものに注目し、警戒もします。自分に害を与えるものかを確かめるためです。

一方で、好奇心は私たちを新しい場所や経験へと連れて行ってくれます。時には予想もしない難しい状況に遭遇することもあるかもしれません。

逆に、好奇心がきっかけでまったく新しいことを見つけたり、思いがけない出来事に出会うこともあります。

実際、好奇心旺盛な人ほど成功する可能性が高い、すなわち、新しいものに飛びつくことがラッキーアクションになることを示す研究があるからです。

研究37 レディング大学のジェニファー・キング・L・ラウらの研究では、マジッ

クなどを見せたあとに、「不快な電気ショックを受けるかもしれないが、それでもそのタネ・答えを知りたいですか」と聞く実験を行いました。結果、好奇心旺盛な人ほどそのようなリスクがあっても知りたがる、積極的に賭けに出る傾向があったということです。

また、研究38 チチェスター大学のソフィー・フォン・スタムらは、天才を調べた過去の研究をメタ分析し、知的好奇心がある人ほど学業面でのよいパフォーマンスが出せるということが分かりました。賢さや努力と同じくらい、この好奇心も大事なわけです。

これは、考えてみれば至極当然の理屈です。さまざまな可能性に満ち溢れる人生の中で、家族や恩師が敷いてくれたレールの上を走るだけで、自分が成功できる可能性が高い場所に辿り着ける人は、それこそ、よほど幸運な人に限られます。

そこから、自分の意思でレールを降りるにしても、自分により合った別のレールを見つけるにしても、簡単なことではありません。別の新しいレールだって1本ではありませんし、その選択肢を広げるうえでも、いろいろな物事やジャンルに興味を持つ好奇心が大切です。

ただ、リスクがあっても、恐れずに新しいチャレンジができる性質を**「新規探索性」**と言うのですが、この性質はかなり大きな割合で、遺伝で決まるものとされています。

つまり、もともと新規探索性を持っていない人もいるので、できるだけ、意識的に**「新しいものに飛びつく」**のが、ラッキーアクションになるわけです。

コンビニや行きつけの飲食店などで、新商品・新メニューを見つけたら、とりあえず試してみる。

ChatGPTのような、無料で使える話題のものが登場したら、とりあえず試してみる。

そんな意識を持ち、習慣化できれば、生まれつき慎重な方でも、それはそれとして、「自分はチャレンジを恐れない人間だ」と脳を騙せます。

さらに、慎重な性格でも、「チャレンジするほうが成功しやすい」と理解し、信じられれば、よりよい人生のために勇気を出すこともできるはずです。

基本的に人間は、いろんなことをやっている内に、自分の好きなもの、自分に合ったものを学んでいく生き物です。

だから、猫はともかく、好奇心は人を殺さないのです。それどころか、その可能性を広げるきっかけとなってくれます。

さらに言うなら、「好奇心」という言葉の定義を広げれば、危険と隣合わせで生きる人であっても、好奇心が重要な存在と考えることも可能です。

○ネガティブ思考も実は好奇心の一種

研究39

オーストラリア国立大学のウィリアム・M・ホワイトクロスは、好奇心の持つ力について調べた研究論文で、好奇心を次の2種類に分類しています。

①未知の事柄があるとき、前向きに知りたいと望む気持ち

②未知の事柄があることが不安で、不安解消のために答えを求める気持ち

多くの人は、①を好奇心と考え、②は「ネガティブ思考」的な枠で捉えているのではないでしょうか。

ここまでお話ししてきたように、ネガティブ思考にはいい側面もあります。ですから、ネガティブ思考に陥りがちな人も、必要以上に悲観的に捉える必要はありません。ネガティブ思考から来る慎重さが、自分を助けるシチュエーションも確実にあります。

ただ、人間の脳はことばに引っ張られる生き物なので、「ネガティブ」ということばを考えたり、言ったりせずに済むなら、それに越したことはありません。

そこで、知らない物事に不安を覚えたり、答えられない問いがあったらイライラしてしまう気持ちを、「ネガティブ思考」ではなく、ホワイトクロスの言う「好奇心」だと捉え直すのです。

そうすれば、不安になりがちな自分と、より付き合いやすくなります。

この捉え直しは、**「リアプレイザル」**とも呼ばれ、科学的にも効果がある手法です。人間は前向きに興奮しているときも、不安に怯《おび》えているときも、胸がドキドキしたり、汗ばんだりします。脳はその反応がポジティブなものか、ネガティブなものかはっきり分かっていないところがあります。

なので、たとえば、**研究40** ハーバード大学のアリソン・ウッド・ブルックスの研究では、本当は緊張していても、「私はワクワクしている」と、ことばに出したり思ったりすることで、パフォーマンスが上がる結果が出るそうです。

ぜひ、自分は不安になりやすい性格だと思っている方は、「好奇心が強い」のだと言い換えてみましょう。そのうえで、①「未知の事柄があるとき、前向きに知りたいと望む気持ち」である好奇心の力を得るために、意識的に新しいものに手を出してみてください。

13

ラッキーアクション

プランド・ハップンスタンス・セオリーを意識する

先に断っておくと、ここでご紹介する理論は科学的に証明されたとまでは言えないものです。

ただ、その他の研究などを踏まえると、一定の説得力はあると私個人が考えているのと、86ページの好奇心とセットで読めば、運気を上げたいみなさんの気持ちを少し軽くできるのではないか……と考え、ご紹介させていただきます。

○思いどおりにならなくても人生は好転する

ラッキーアクションにある「プランド・ハップンスタンス・セオリー」は、「計画的偶発性理論」などと訳される、研究41 心理学者・教育学者のジョン・D・クランボルツが1999年に提唱したキャリア理論です。その名のとおり、偶発性を重要視して、計画的に偶然が起こるようにキャリアを形成していく――というもので、クランボルツはキャリアのターニングポイントの8割は、偶然によるものとしています。

繰り返しますが、それが科学的に正しいかは明言を避けます。

ただ、私自身、自分でもまったく思いもよらなかった人生を生きていることは間違いありません。おそらく、中高年以上の友人知人や先輩方に話を聞いても、「完全に自分の人生を思いどおりにコントロールして成功した」と考える人はほとんどいないように思います。

ですから、**「今、自分に見えている選択肢がすべてではない」**と、みなさんにお伝えしたいのです。

目指していた職業に就けなかった。

志望校に入れなかった。

そんなことがあったら、自分の人生が失敗してしまったかのように感じてしまうかもしれません。

ですが、人生はまだまだ先があります。そこで諦めてしまわずに、その場その場でベストを尽くせば、思わぬ偶然に引っ張られて、想像もつかない形で人生が好転しはじめる可能性だってあるのです。

特に、現代のような、変化があまりにも早く大きくなっている時代では、あるときに考えた自分の10年後のキャリアが、実際に10年経ったときに魅力的なものでなくなっている可能性もあるわけです。自分に見えていない可能性、選択肢を常に意識しておくことは、リスクヘッジにもなるんですね。

さらに、クランボルツは偶然を主体的に活用することと、意識的に偶然が生まれやすくなるように行動することが重要であるとしています。

つまり、「ただ偶然に身を任せる」のではなく、

①偶然起こった出来事を自分のプラスにできるような努力をする
②偶然が起こりやすい生き方をする

この2点を意識することが、プランド・ハップンスタンス・セオリーのポイントになるのです。

○「全力で頑張る」と運がよくなる

プランド・ハップンスタンス・セオリーを意識するためには、具体的にどうすれば

よいのか説明しましょう。

まず、①「偶然起こった出来事を自分のプラスにできるような努力をする」は、**「どんなことでも前向きに取り組む」**ことです。

本当に逃げたほうがよさそうなものなら話は別ですが、少々思いどおりにいかない程度で、やる気をなくしてしまうのは損です。

どんなことにも全力で頑張る人は、評価されやすいのです。

たとえばファーストフード店でアルバイトをはじめたものの、厨房を志望していたのに、接客担当になりました。そういうとき、本当は嫌でも全力で頑張ってみると、客や仲間、周囲の人に感謝されて、後々の人間関係がよくなるかもしれません。また、意外に接客が合っていて、その後のキャリアの選択肢が広がる可能性もあります。

それに、全力で頑張ってどうにも接客が苦手だったとしても、なんとなくそう思うのと、頑張ったけど上手くいかなかったのとでは話が大違いです。実際にやってみて微妙だったら、「自分は裏方向きだな」と明確に認識できて、これも今後のキャリアの考え方に役立ちます。

アルバイトを辞めたあとでも、また接客的な仕事をやる機会があったなら、その偶然には前向きに取り組むべきです。自分が成長していて、接客が得意になっているかもしれません。結局自分に合っていなくても、「苦手なことを頑張ってやった」ことによって、周囲の人の心象もよくなります。

努力して無駄なことなどないのです。

短期的には無駄に思えるものでも、長期的にはいい経験になることがほとんどです。未来がどうなるかなんて予想できないので、勝手に「無駄だ」と決めないようにすることが大切です。

○「好奇心」「持続性」「柔軟性」「楽観性」「冒険心」の五つを意識して偶然を起こしやすくする

②「偶然が起こりやすい生き方をする」については、偶然が起こりやすい環境にするために、クランボルツは「好奇心」と「持続性」と「柔軟性」と「楽観性」と「冒険心」の五つが重要であるとしています。

つまりは、**「この五つを意識しながら生きる」**ということになります。

好奇心は、新しいものに飛びつくことです。

持続性は、少々上手くいかなくても継続すること。「継続は力なり」です。

柔軟性は、どんな出来事も柔軟に受け止めること。ファーストフードの例で言うなら、接客が意外に合っていたとしても「厨房やって」と言われたら、素直に受け入れる。接客で磨いたコミュニケーション能力や顧客のニーズに関する知識が、裏方になっても思わぬところで発揮されることも考えられます。

楽観性は、そんなさまざまな予定外の出来事を前向きに楽しむ心です。「接客が楽しくなってきたのに、厨房か……」と残念がらずに、「でもまあ、もともと厨房がやりたかったんだし、むしろラッキーかも」くらいに受け止める。

冒険心は、少々のリスクがあっても、恐れずにチャレンジする心です。

しつこくなりますが、長く生きていると、本当に人生は偶然に導かれていい方向に行くことがたくさんあります。

今、思いどおりにならない人生に悩んでいる方も、その思いどおりにならない先に、本当の幸せが待っているかもしれません。その「上手くいかなさ」を、「これで人生の資産が増えるぞ」と前向きに捉えてみてはいかがでしょうか。

14

ラッキーアクション

赤い服を着る

相手がいて、自分で服を決められて、失礼にならないシチュエーションに限られますが、**「赤い服を着る」**のも立派なラッキーアクションです。

○ 勝負事には〝赤〟！

研究42 ダラム大学のラッセル・A・ヒルとロバート・A・バートンが、2004年アテネオリンピックで、選手にランダムで赤・青・グレーのユニフォームが与えられたボクシングとレスリングとテコンドーの試合結果を調べたところ、赤のユニフォームを着た選手の勝率が55％、さらに接戦となった試合の結果に限ると62％という結果が出ています。

他にも、サッカーのPKで、ゴールキーパーのユニフォームの色を変えたところ、赤いユニフォームのときにキッカーの成功率が明らかに減少する結果が出るなど、**勝負事には赤色がよい**とされているのです。

この背景には、いろいろな理由が考えられています。

まず、赤色はやる気や集中力などに繋がる男性ホルモン、テストステロンの分泌を促進することが挙げられます。

さらに、赤色は注目を集めやすいとする 研究43 ヴェストファーレン・ヴィルヘルム大学（ミュンスター大学）のノルベルト・ハーゲマンらの研究もあります。

たとえば、テコンドーで①「ある試合の映像」と②「同じ試合のユニフォームの赤と青を反転させた映像」を審判に判定させた結果、②では①で青だった選手によりポイントが入った——なんていう面白い結果もあります。

これらを踏まえると、ワンポイントで赤色を着用すると、注目を集める効果は得られそうです。

ただ、研究44 ウィーン大学のビョルン・クレンの研究によると、注目されることで、赤の選手は反則も取られやすくなるとする研究もあります。悪目立ちをしては逆効果なので、このラッキーアクションは自信があるシチュエーションで使うのがおすすめです。

○色は、あくまで小技

色彩とスポーツでのパフォーマンスへの影響や効果に関する研究は、発展途上の分野でもあります。

研究45 ミュンスター大学のヤニック・ヴァイスらが行った60を超える論文を概観

したメタ研究では、年齢、研究方法、スポーツの種類、身体的健康や機能の状態を評価するために使われる指標、色彩環境や他者の知覚、色の種類などが、スポーツにおける色彩と人間の行動には関係があることが見えているけれども、実証の方法にまだ検討の余地が残されていると述べています。

また、他のいくつかの論文では、色の効果は文化、性別、年齢、課題の種類、色のバリエーションなどの条件によって変わるということも示されています。

たとえば、小学生のサッカークラブが大学の強豪サッカー部に試合を挑んで、小学生が赤いユニフォームを着ているからといって勝てるかどうかはかなり怪しいでしょう。ただ赤いユニフォームを着ればいいわけではないのです。しっかりと他の条件を整えたうえで、たとえば、サッカーでしたら実力をきっちりつけたうえで、できるかぎりの勝利を得るための準備をしたうえで臨まなければいけません。

ほんの少しでも願望の実現確率を上げるための小技が、こういった色彩の違いがもたらす影響だということを忘れないようにしましょう。

15

ラッキーアクション

雑談をする

自然の中にいることや、ぼーっとすることがよいアイデアの創出に繋がることをご紹介しました。

このような研究はビジネスシーンでも注目されており、オフィスの設計や、自社のルールを考える際に、科学的な知見の下で「アイデアが生まれやすいように」、「社員満足度が上がるように」などの効果を得るための取り組みをする企業も増えています。

○外向的な人は雑談を上手に挟む

その中で、特に注目したいのは「コミュニケーション」と「雑談」です。

経営者目線で言うと、コミュニケーションや雑談が発生しやすい工夫をするわけですが、私たち目線では、**意欲的にコミュニケーションや雑談をする**ことがラッキーアクションになります。

会話と創造性の関係を調べた 研究46 デューク大学のシャリク・ハサンとハーバード大学のレンブラント・コニングの研究によると、オープンで外向的な人同士の会話が、よりよいアイデアを生むという結果が出ています。

逆に、内向的な人との会話では平凡なアイデアしか浮かばず、さらには外向的で、発想力があるとされている人でも、内向的な人との会話では、創造性が低くなってしまいました。

そして同研究では、外向的な人の特徴として、会話の中で雑談がしばしば挟み込まれることも観察されているのです。

他にも、従業員同士のコミュニケーションが頻繁に起こりやすい環境をつくることで、偶然の出会いや意外な発見が生まれやすくなるということを示す研究も世界中に見られます。

結局、話しやすい環境ができることで、自由に考えや意見が交換できるようになって、新たなアイデアや洞察が生まれやすくなり、そういった偶然が生んだアイデアなどは、将来の問題解決や新しい発明に活用されることが期待されているのです。

Google社のようなイノベーティブな企業では、日常で行われるコミュニケーションが固定化しないように、いろんな社員が出会いやすい社内動線にしたり、社内カフェのような場を設けていることが知られています。

研究47 香港樹仁《じゅじん》大学のミリッサ・F・Y・チュンと澳門《アモイ》大学のアイリス・D・ザンの研究では、コミュニケーションをとりやすくするためのオフィスのデザインはもちろん大切な一方、従業員の意欲や考えの多様性が創造性を最大限に高めるのには重要だということを述べています。

健康被害ももちろん重大ですが、COVID－19の影響で、世界中の研究者が悲鳴を上げたのは学会後の懇親会（飲み会）がなくなったことでした。

単にお酒が飲みたいという話ではなく（その気持ちもありますが……）、全国、そして世界中の優秀な研究者とする雑談は、参加者の新しい研究に大きな影響を与えます。だから、学会や研究会と懇親会は、ほぼ必ずセットで行われるのです。話しやすい環境で、自由に語り合うことの重要性が分かる事例ではないかと思います。

○偶然の出会いをわざと増やして幸運を摑む

研究48 インドネシア大学のティザ・アニッサらの研究など、プランド・ハップンスタンス・セオリーの効果を実証する研究もたくさんありますが、プランド・ハップンスタンス・セオリーで重要な五つの要素の中の「好奇心」や「楽観性」や「冒険心」

も、コミュニケーションに関係してくるものです。

研究49　ワイズマンは、人を幸運にするプログラムを作成し、参加者の多くが「幸運になった」と実感する結果を出しているのですが、そのプログラムの中でも、特に重要視されているのが、積極的に他人とかかわることなのです。

見方を変えると、運気を上げるには、**偶然の出会いを増やす意識が大切になる**――とも言えるでしょう。

「はじめに」で運を釣りにたとえましたが、運が悪い人とは、「ほとんど魚がいない池」でしか釣りをしていないようなもの。

魚がゼロの池でなければ、論理的には釣れるまでチャレンジすればいつか釣れるはずです。でも、人生の時間は有限なので、釣れる可能性が1万分の1で、生きている間に1千回しか釣りができないとしたら……。

その場合、「もっと釣れそうな場所」で釣りをするほうが、運に恵まれる可能性が確実に上がります。

でも、言うは易し行うは難しで、そう簡単にはいきません。

私たちはついつい、「魚がほとんど釣れない池」で釣りをすることを習慣化してしまい、その習慣を変えられないままに「運が悪いなあ……」とぼやく日々を送ってしまうこともあるのです。

そんなとき、偶然の出会いがあると、自分の意思と良くも悪くも無関係に、いつもと違う池で釣りをする機会が生まれやすくなるわけです。

ちなみに、認知神経科学者のラッセル・A・ポルドラックの『習慣と脳の科学 どうしても変えられないのはどうしてか』（みすず書房）を読むと、釣れない池にばかり糸を垂らす習慣を捨てて、釣れる期待値の高い池に糸を垂らすよりよい習慣を構築することの難しさがよく分かります。また、同書によると、習慣を変えられた人は失敗した人よりも3倍多く引っ越しをしていたそうです。

人間が変わる方法は、「時間配分」か「住む場所」か「付き合う人」を変えるしかない、という大前研一の考えはよく知られています。大前は科学者ではありませんが、これも偶然の力なしで人生を変えることの難しさが背景にある考え方ですし、引っ越しは住む場所を強制的に変え、時間配分や付き合う人も変わる可能性が大いにあるわけで、実は非常に科学的な箴言《しんげん》と言えるかもしれませんね。

16

ラッキーアクション

傾聴する

みなさんも外向性と雑談を意識して、自分の人生を変える偶然が起きる可能性を高めましょう――と言いたいところですが、コミュニケーションに苦手意識がある方も少なからずいるでしょう。

では、内気だったり、話し下手だったりする方は、どんなラッキーアクションをすればいいのか。

理想は、それはそれとして、コミュニケーションを頑張ったり、予定外の話題に転がって発見が生まれたりするような雑談をすることも意識してみたりと、苦手なりに頑張ることです。

ただし、それでも難しいと感じる方は、無理をしないでください。

これまでにもお伝えしたように、もともとネガティブな人が無理にポジティブになろうとすると、余計にネガティブになったりします。これは、研究50 ダートマス大学のブレンドン・ニャン教授とエクセター大学のジェイソン・エイフラー教授が提唱した**バックファイア効果**と言います。ですので、内気な自分を受け入れることも大切です。

また、脳はネガティブなことを言ったり、考えたりしていると引きずられてしまうので、「なんでコミュニケーションが上手にできないんだろう」などと悩みすぎるくらいなら手放してしまいましょう。

○ 話し下手なら相手の話をひたすら聞く

無理に話し上手になろうとしなくても、シャイな人、内気な人がコミュニケーションに上手にかかわっていく方法はあります。

それは、**聞き上手になる**ことです。

研究51 東京大学の川名好裕の研究では、話し手は相づちのある聞き手のほうを相づちのない聞き手より好意的に評価し、聞き手も自分が相づちを打った話し手のほうを相づちを打たなかった話し手より好意的に評価することが分かっています。

つまり、自分主導の会話ができない方でも、相手の話をしっかり聞いて相づちを入れてあげるだけで、相手からの好感度が上がり、自分も相手を好きになるということなのです。

人間は基本的に自分の話が大好きです。研究52 ハーバード大学のジェーソン・ミッチェルとダイアナ・タミルの研究によると、人間が話すことのうちの30～40%は自分の体験などの話で、ソーシャルメディアへの投稿になると、なんと80%近くにもなるそうです。

また、この実験では、人間は、本来もらえるはずの報酬が減ったとしても、自分自身について語ることができる選択をしたと言うのです。自分の話をすることは、快感として捉えられるということのようです。

ですから、相手に話したいだけ話させるのはいいことです。そうして好感を得て、人間関係を構築していくわけですね。

偶然の出会いが増えるような意識は、大切にしておきたいところ。

陽キャは苦手だけど、人間やコミュニケーション自体は嫌いではない——という人はたくさんいます。今、内気なあなたの周囲に気の合う仲間がいなかったとしても、少し離れた池に、一生のパートナーになるような素敵な人が隠れているかもしれません。

新しい出会いを得るためには、コミュニケーションは必須です。

その手はじめとして、聞き役に徹してみる。相づち（合いの手）も、単に「うんうん」「すごいですね」「さすがですね」ばかりではなく、いろいろな反応のことばを用意しておくほうがいいでしょう。

たとえば、カ行でまとめるなら、「かっこいいですね」「キレキレですね」「グッときます」「傑作です」「興奮しますね」、ハ行だったら、「ハッピーですね」「ぴったりですね」「震えますね」「ベストですね」「本当にそうですよね」のように、いろいろな50音の行で考えてみるのも面白いかもしれません。

特に、誉めことばになるようなフレーズをいろいろ考えて使ってみると、相手の承認欲求を満たすことにも繋がるのでいいでしょう。

研究53 心理学者のデニス・T・リーガンが研究した「返報性の法則」によれば、人間は「**返報性**」といって、好意的に接してくる相手に対しては好意的に接し返したくなる傾向があります。なので、こういったリアクションを使って好意的に接しましょう。

17

ラッキーアクション

おいしいものを食べる

ここまで、コミュニケーションの重要性をお伝えしました。

政治家の裏金問題が騒がれる昨今、イメージはあまりよくないかもしれませんが、高級料亭で会食するのもコミュニケーションの一種で、実は科学的にも意味があるラッキーアクションだったりします。

○いい気持ちは広がる

研究54 ニューヨーク市立大学の心理学者グレゴリー・ラズランは、交渉事を食事と一緒にする**「ランチョン・テクニック」**の有用性を説いています。

政治家が個室で会食するのは、他の人に聞かせられない、といった理由もありますが、ランチョン・テクニックが効く理由はそれだけではありません。

人間は、一緒に食事をしている相手のことを好意的に感じることがあります。

なぜなら、おいしい食事をして、いい気持ちになっていると、その気分が食事以外にも広がって、脳は相手や話している内容にもいいイメージを抱いてしまうからです。

また、よほどの人間嫌いでなければ、基本的には人とコミュニケーションをすること自体にも、幸せホルモンのセロトニンを分泌する効果があります。

そうやって、本題の交渉事の周囲に楽しいことをちりばめて、本題の成功確率アップを狙うのがランチョン・テクニックのポイントなのです。

さらに、研究55 イェール大学の心理学者アーヴィング・L・ジャニスらは、次のような実験を行い、食べ物があると説得が上手くいきやすいことを示しました。

実験では、被験者に「ハリウッド映画の品質が上がっている」「少年犯罪者に対して厳しい処遇が必要」という意見についての説得文を次の四つの条件で読んでもらいました。

A　食べ物なし、賛成の立場
B　食べ物なし、反対の立場
C　食べ物あり、賛成の立場
D　食べ物あり、反対の立場

その結果、食べ物ありのグループCとDは説得文に同調しがちで、特に賛成意見にその傾向が強いことが分かりました。

何かを食べることで、満腹感や快適さ、ポジティブな感情が増加し、それが説得に影響を与える可能性が指摘されています。ですから、おいしいものを食べながら商談やお願いごとをすると、成功確率が上がるラッキーアクションとなるのです。

○夜ではなく、昼がベスト

そのうえで、もう一つ意識したいのは、コミュニケーションをする時間帯です。

科学的に交渉事の成功確率を上げるには、会食やおいしい食事といった方法も大切ですが、**時間帯**も大切です。

お酒を伴う会食の場合、どうしても就業後に限られますが、お茶や食事のみ、あるいは話すだけでいいのであれば、一番のおすすめはお昼のあと。

研究56 ネゲヴ・ベン＝ベングリオン大学のシャイ・ダンツィガーの研究によると、イスラエルで裁判官の仮釈放申請の承認率を調べたところ、朝一番や昼休み直後は約65％、昼休み前はほぼ0％まで落ちるという驚きの結果が出ています。

ここまで極端な差が出た理由は、判断を続けているとだんだん疲れてくるから、そして直前の判断が後続の判断に影響を与えるからとのこと。裁判官が食事休憩などを取ることで、リセットされて、再び公平な判断を行うことができるようになるわけです。

つまり、交渉などをするなら、朝一番かお昼休みの直後にすると成功する確率が上がるということ。

また、食事にあまり興味がない人もいますので、総じて言うなら、相手のコンディションができるだけいいタイミング、精神的にリセットされているタイミングにするのが理想——ということになります。

この疲れと判断の関係は、さまざまなシチュエーションにかかわる話なので、ラッキーアクションとなるように、ちゃんとタイミングを見計らうようにしてください。

第2部

幸福度を上げる
ハッピーアクション

18

ハッピーアクション

週に1回、運動する

運動は幸福度に影響することが知られています。

ハッピーアクションをご紹介する前に、運動と幸福度の関係について、進化心理学と絡めて説明しましょう。

メンタルヘルスだけを見ても、運動は効果的です。

自然豊かな環境が当たり前だったおよそ1万年前は、「家やオフィスの中でずっと座りっぱなしでパソコン仕事をする」といった生き方は考えられず、動くのが当たり前であったからだと考えられます。

よく、「男性は狩猟、女性は育児や採集」などと言われますが、現代のような便利な育児グッズや医療技術があっても大変——。心身ともに疲弊する方の多い育児は、当時から重労働だったに違いありません。採集だって、「ベランダに植えたハーブをひとつまみ」といったものではなかったはずです。

ですから、男女の別を問わず、生きるためには体を動かすことが必要不可欠だったわけです（ちなみに、話が少し逸れますが、近年はそもそも「女性も狩りに参加していた」と考えられる発掘調査や研究調査が増えており、「男性は狩猟、女性は育児や採集」という切り分け自体が、現代人のジェンダーバイアスのせいで起きる色眼鏡ではないか……と考える研究者も増えています）。

○ 脳は騙してなんぼ

研究57 ミシガン大学のウェイリン・チェンらの研究では、週に1回運動する習慣が気持ちを明るくしてくれることを示しています。

チェンらは、過去に行われた23の研究を分析しました。分析した研究の多くが、被験者に運動をしてもらい、前後の変化を調べるものではなく、被験者に日頃の運動量と幸福度をヒアリングする「観察研究」であったことから、運動によって確実に幸福度が上がっていると証明することはできないとしています。

しかし、その他の研究を踏まえれば、運動によって幸福度が高まるというのは、ほぼ間違いない科学的事実と言ってよいでしょう。

それに、たとえ「運動しているから幸福度が高い」のではなく、「幸福度が高い人ほど運動を習慣にしやすい」が正解であったとしても、みなさんはその対処法をすでにご存じです。

そう、「運動すれば幸福度が上がる！」と信じて運動すれば、脳はしっかり騙されます。運動は、幸福度を高め、健康にもいい――。とにかくいいこと尽くめの行動なのです。

○運動をしていれば収入が少なくても幸福度が上がる

実際に、日頃の運動習慣の有無にかかわらず、たまに体を動かすといい気持ちになった経験がある方は多いと思うのですが、研究58 テキサス大学サンアントニオ校のクリストファー・フォングとデンバー・ブラウンの研究でも、運動するグループとしないグループの間で、うつ病や統合失調症、双極性障害などの精神疾患の発症リスクにおいて有意な差がありました。

また、共感性のレベルにも差が生じていたそうです。無論、運動しているほうが、これらの面でいい傾向があったわけです。

他にもまた、研究59 オックスフォード大学のサミ・R・チェクラウドらは、アメリカ在住の成人約120万人のデータを対象に大規模な研究調査を行っています。

その結果、運動をするグループとそうでないグループとでは、運動をするグループのほうが気分の優れない日数が平均で約43％少なく、どんな種類の運動でも精神健康上の負担を減らすことが分かりました。

運動の種類としては、チームスポーツ（22・3％低下）、サイクリング（21・6％低下）、有酸素運動とジムでの運動（20・1％低下）で効果があったとのこと。そして、週3〜5回の頻度で45分くらい運動した場合に、最大の効果があることが示されました。

さらに、運動するグループは、運動しないグループより年収が約2万5000ドル（＝約380万円）低い人でも、幸福度が同程度になるという**「お金の代わりに運動で幸せが買える」**という結果も出ているのです。

つまり、どんなものであっても、体に適度に負荷のかかる運動は心身にいい影響があるということです。

○ 長すぎる運動は、逆効果!?

ただ、これには「基本的には」という断りが必要かもしれません。

同研究では、運動とメンタルヘルスには大きな関係があるとしていますが、同時に一つの警鐘を鳴らしています。

それが、「**やりすぎはよくない**」というものです。

長すぎる運動は悪影響を及ぼすこともあり、1日3時間以上の運動をする人は、まったく運動しない人よりも精神疾患のリスクが高くなるそうです。

それだけの強度や頻度になると、気晴らしの趣味ではなく、仕事のようなものになってしまい、自分を追い込んでしまうところがあるのかもしれません。

また、純粋に運動として見れば、家事や育児などにもリフレッシュ効果はあるようなのですが、それがあまりに長く続くと、自分の思いどおりに時間を使えないなどの理由からストレスが大きくなるのでしょう。

運動するのは大事。でもしすぎない。これが大切だということです。

19

ハッピーアクション

マッサージを受ける

ラッキーアクションで取り上げた「雑談」、実はハッピーアクションでもあります。コミュニケーションが幸せホルモンのセロトニンを分泌するとお伝えしましたが、運動と幸福度の関係のように、コミュニケーションと幸福度についても、同種の研究がたくさんあります。

たとえば、研究60 ワシントン州立大学のA・ティモシー・チャーチらが、アメリカ・ベネズエラ・フィリピン・中国・日本とさまざまな地域の被験者を対象に研究を行っています。

この研究でも、国籍・人種を問わず、内向的に行動するよりも、外向的に行動するほうが、幸福度が高いという結果が出ています。

○人と触れ合うだけで幸福度は上がる

もう一つ、効果的なのがスキンシップです。

関係性が浅い人を相手にするとハラスメントになるので、その点は要注意ですが、研究61 桜美林《おうびりん》大学の山口創の研究から、スキンシップがあると、愛情ホルモンと呼ばれるオキシトシンが分泌されることが知られています。

オキシトシンは、人との結びつきや社会的な繋がりを強化する効果が高く、ポジティブな感情も高めると言われています。

ですから、家族とハグをしたり、肩をポンと気軽に叩けるような関係性の友人などと触れ合える時間を持てるとなおよいでしょう。

ちなみに、「そんな相手がいない」と思われる方もいるかもしれません。

そんな方におすすめしたいハッピーアクションは、**「マッサージを受けること」**です。

研究62 マイアミ大学のティファニー・フィールドらは、被験者にマッサージを受けてもらい、その結果を測定しました。結果は、ストレスに反応するコルチゾールが31%低下し、セロトニンは28%増加、意欲が増すドーパミンも31%増加していました。

つまり、マッサージや整体を受けるだけでも、立派なスキンシップになるのです。

これも、脳の単純さ、騙されやすさを表しています。

ついでに、施術中の担当者さんと雑談もできればなおよいでしょう。

○ 触れ合う相手は人間じゃなくてもいい!?

さらに言うなら、「そもそも人間が苦手」という方もいると思いますが、それでも大丈夫です。

無理に対人コミュニケーションをする必要はありません（とはいえ、これまでの人生で出会いに恵まれなかっただけで、今後好きになれる人との出会いだってあるかもしれない――と考えられるといいかな、とは思います)。

人間以外の動植物と触れ合いましょう。

動物とスキンシップをしたり、豊かな自然を眺めたりすることでもセロトニンが分泌されることが、研究63 フェデリコ2世・ナポリ大学のルチアア・フランチェスカ・メンナらの研究でも示されています。

他にも、研究64 南東ノルウェー大学のマリアンヌ・トルセン・ゴンザレスらの研究によれば、ガーデニングに没頭することで心配事から気をそらすことができ、自身の問題に執着しなくなる傾向が高まるそうです。この実験では、被験者に12週間にわたりガーデニングをしてもらったところ、うつ病の症状が3分の1程度まで改善したり、注意力の向上が報告されました。

つまり、マッサージを受けることはもちろん、「ふれあいコーナー」のある動物園や猫カフェなどに行くのも、盆栽の手入れをしたりガーデニングをしたりするのも、立派なハッピーアクションになるのです。

20

ハッピーアクション

知らない人に話しかける

何度かコミュニケーションの効果の大きさを説明しましたが、もう一つお伝えしたいハッピーアクションがあります。

それが、「**知らない人に話しかける**」というものです。

研究65 ブリティッシュ・コロンビア大学のギリアン・M・サンドストロムとエリザベス・W・ダンは、被験者を「関係性が浅い人と日々コミュニケーションをとる」グループと、「関係性が深い人と日々コミュニケーションをとる」グループに分けて実験しています。その結果、「関係性が浅い人と日々コミュニケーションをとる」グループのほうがより幸福度が上がる結果が出ています。

関係性が深い人には、スキンシップという必殺技を使いやすい利点があるものの、それはそれとして、関係性が浅い人とのコミュニケーションのほうがより効果があるわけです。

たしかに、いろんな人と挨拶したり雑談したりしている人のほうが、あまりコミュニケーションをとらずにいる人より、幸せそうに見えますよね。

○ 脳は常に新しい刺激を求めている⁉

これには、明確な理由があります。

それは、**脳は常に「新しい刺激」を求めている**から。

この現象も、これまでに何度か触れた進化心理学で説明できます。

人間の脳の仕組みは、私たちの生活環境は激変しているのに、旧石器時代からほとんど進化していないと考えられています。

動物として決して強くない人間は、集団として行動することで、外敵から身を守ったり、効率的に食糧を得てきました。ですから、集団をつくることにかかわる行動を積極的にするように、脳がプログラムされています。そういう行動をとると、快感や幸福感が伴うようにできているわけです。

その「気持ちよさ」という報酬を得るために、生存に大切なものを得ようと頑張るのです。

よく言われる「体に悪いものほどおいしい」というのも、同じ話です。

昔は食べ物がとにかく貴重だったから、生存に必須の高カロリーな糖質を含む食糧を食べると、その味を「いいものだ！」と感じるように脳が反応します。

でも、現在の日本である程度の生活水準で生活できる人なら、生きるのに必要なカロリーをとるのはそこまで難しくありません。だから、脳が「もういい」と感じるまで、思うままに炭水化物や砂糖をとっていると、簡単に肥満や糖尿病になってしまいます。

つまり、社会が変わる速度と、脳が進化する速度との大きなズレは、日本が平和で豊かな国になった結果、生活習慣病が増えている原因の一つであったりもするんです。

コミュニケーションが苦手、という方にはなかなか大変なハッピーアクションかもしれませんが、ここでもう一つお伝えしておきたいことがあります。

○ コミュニケーションはメリットだらけ！

それは、デメリットがあまりにも大きい「おいしい食事のとりすぎ」と比べると、関係性の浅い人とのコミュニケーションは、基本的にメリットだらけ――という点です。

自分が知っている人としか触れ合わないと、人生に大きな変化が起こりにくくなります。

現在の環境で、確実に幸せに生きていける自信があるならともかく、そうではなく、プランド・ハップンスタンス・セオリーで説明したような、「人生を好転させる偶然」を増やすには、新しい人生の登場人物を増やしたり、行ったことがない場所に足を伸ばしてみたりすることが大切です。

ワイズマンが、人を幸運にするプログラムを作成し、参加者の多くが「幸運になった」と実感する結果を出しているとお伝えしましたが、彼は幸運の要素を、「チャンスを最大限に広げる」「虫の知らせを聞き逃さない」「幸運を期待する」「不運を幸運に変える」の四つに分類しています。

そしてワイズマンは、運がいい人は「偶然のチャンスをつくり出す」「そのチャンスに気づく」「そこでアクションを起こす」に長けているとしており、そのために重要なのが、**人脈を広げること、新しい経験を受け入れること、リラックスして生きる態度**としているのです。

つまり、人間相手のコミュニケーションは、ハッピーアクションとラッキーアクションの両取りと説明しましたが、知らない人とのコミュニケーションは、その上位互換と言えるのです。

大前提として、新しい出会いが100％いい結果になるわけではないので、コミュニケーションが苦手な方は、無理に人間関係を広げようとする必要はありません。また、その慎重さは「自分を助ける長所」と捉え、ネガティブになってもいけません。

ただ、人生を、自分が思いもしなかった方向に引っ張ってくれるのは、基本的に自分以外の誰かである場合が多いのは事実でしょう。自分ができることは、他人との掛け算によって無限に広がっていくのです。

吉本ばななさんの小説を読んで、人生が変わったという方に先日たまたまお会いしたのですが、知らない人と話すのは嫌だ、という方は、未知の分野の本や映画に手を出してみてはいかがでしょうか？

21

ハッピーアクション

緑がある場所に行く

旧石器時代と、紛争地域などを除いた先進国の現代人とは、ただ生きるうえでの危険度が段違いでした。

おとぎ話の『三匹の子豚』ではありませんが、人を噛み殺せるような動物が近所を徘徊していても、鉄筋コンクリート造の家屋の中で戸締まりをしっかりしておけば、外壁が傷つくくらいはあっても、基本的に命の危険はありません。

つまり、進化が文明の発展に追いついていない脳にとっては、現代的な生活空間でしか得られない安全、安心感もあると考えられます。

ただ、現代建築が、明らかな異物であることは間違いないので、昔からある自然に触れると、都会に働きに出た人が帰郷してリラックスするかのような、ほっとする安心感、幸福感が得られるわけです。

○ 自然に触れると安心感と幸福感が得られる

研究66 スタンフォード大学のグレゴリー・N・ブラットマンらは、北カリフォルニアに住む38名の被験者を、「自然の中を90分散歩」するグループ（ネイチャーウォーカー）と「街中を90分散歩」するグループ（アーバンウォーカー）に分けて、散歩後の変化を調べました。

その結果、ネイチャーウォーカーたちは、散歩前よりも、散歩後のほうが、自分自身に対して否定的な考えをする人が少なくなり、アーバンウォーカーたちは変化がなかったのです。

さらに、自然というのは、特に大自然である必要はないようです。

研究67 ミシガン大学のマリーキャロル・R・ハンターらは、都会暮らしの36人の被験者に8週間にわたって週に最低3回10分以上、自然に触れる機会をつくって過ごしてもらいました。この実験での「自然」とは、自分が「自然」と感じる場所ならどこでもいいということになっています。そして、調査期間中、4回にわたってコルチゾールの分泌量を測って、ストレス度合いをチェックしました。

その結果、一回あたり20～30分間、自然に触れると最も効果があることが分かりました。そして、ストレス値が1時間あたりで28・1%も低下していたのです。

○ 自然との触れ合いもほどほどに!?

ただし、こちらも注意点があります。運動だけでなく、自然との触れ合いも「ほどほど」がいい可能性がありそうです。

研究68 エクセター大学のマシュー・P・ホワイトらは、約2万人を対象に、レクリエーション的な自然との触れ合いと、健康や幸福度との関連を調査しています。

すると、過去1週間で自然との触れ合いがなかった場合と比較して、自然に触れた時間が週に120分以上の被験者は、特に健康状態もよく、幸福感を覚える結果が出ています。

ここまでは、自然の力を感じさせる結果になっていますが、問題はそれより長い触れ合いです。

健康や幸福度への効果は、200〜300分の接触がピークで、それ以上は効果が上がらない結果が出ています。

これは、あくまでも「上がらない」というだけで、運動とは違って「自然と触れ合いすぎると健康に悪い」という話ではありません。

しかし、どちらにしても、効果が少ないのであれば、貴重な時間の使い道は他にもあるので、純粋にハッピーアクションとしてする場合は、週に120分で十分ということになります。

22

ハッピーアクション

他人のためにお金を使う

ここで、少し変わった角度のハッピーアクション**「他人のためにお金を使う」**をご紹介します。

○よい行いをすると幸せホルモンが分泌される

研究69　ブリティッシュ・コロンビア大学のララ・B・アクニンらは、カナダとウガンダで、「自分のためにお金を使う」場合と、「他人のためにお金を使う」場合とで、被験者にどのような影響が出るかを調査しています。

するとと、文化や経済的な文脈が大きく異なる両国で、どちらの被験者にも、他人のためにお金を使う場合に幸福度が高いということが認められたのです。

これにはシンプルに「いいことをした」という満足感もあるのですが、進化心理学的には「コミュニケーションの形成」に対するプラスの感情が大いにあると考えられます。

人とのコミュニケーションがハッピーアクションになるのも、実は同じ話なのですが、人間は一人では生きていけません。少なくとも、現代社会ならともかく、旧石器時代では無理があります。

人間が1対1では簡単に殺されてしまいかねない猛獣などの敵や獲物がいる社会で、生物界の覇権を握った背景には、集団生活の力があります。コミュニティの力で生存競争を勝ち抜いてきた私たちの脳には、他人と繋がる重要性が刻み込まれています。

だから、人と触れ合うと幸福感を覚える仕組みになっていて、コミュニケーションをとると報酬系が刺激されて幸福感を覚えるのです。人は、気持ちいいこと、嬉しいことは進んでやろうとするからです。

他人のためにお金を使うのは、言ってみればより高度で、社会的なコミュニケーション。

実際にどれだけ意識しているかはともかく、少なくとも騙されやすい単純な脳にとっては、「お金を使った相手との関係性が深まっていくきっかけ」として感じられるわけです。

○人のために動くポイントは〝具体的〟

また、研究70 アメリカの心理学者レオン・フェスティンガーが提唱した「**認知**

的不協和の解消」という理由も考えられます。

認知的不協和というのは、考えていることと実際の状況の不一致で心がモヤモヤすることです。普通に考えたら、他人のためにお金を使いたくないものですが、実際に使ってしまっている。そこにモヤモヤが生じます。

人にお金を使うことは勇気がいることですし、痛みを伴いますが、自分は相手を好きだから、あるいはこういう行動をするのが好きだからと、自分の行動に、肯定的な「大義名分」を与えることで、そのモヤモヤを解消しているわけです。結果、満足感を得られているから、幸福度も上がっているとも考えられます。

同種の研究は、たくさんあります。

たとえば、**研究71** ヒューストン大学のメラニー・ラッドらの研究では、人は自分のためにする行動よりも、向社会的行動をして、それを達成するほうが幸福感を覚えることが分かっています。

ちなみに、ラッドらは、幸福度を上げるポイントは、**「具体的に人のためになるよ**

うな行動」をとることとしています。

単に「人類の幸せのため」とか「地球環境のため」とか抽象的なものにしてしまうと、その判定基準が自分の中になかったり、対象が大きすぎたりして、自分の行動で「目的を達成できたか」が分かりにくくなってしまいます。

そのような達成度合いがはっきりしない行動をしてしまうと、幸福度が上がりにくくなる結果が出ているのです。

このような研究で面白いのは、科学で裏づけられた事象が、昔から伝わっていることが珍しくない点です。

「情けは人のためならず」ということわざがあります。

これは、「人にかけた情けは巡り巡って自分に返ってくる」という意味ですが、私たちのご先祖様は、「人のためになること(向社会的行動)をすると、自分のためになる」とどこかで気づき、大切なこととして語り継いできたわけです。

これらを踏まえると、アクニンらの研究の内容が腑《ふ》に落ちるのではないでしょうか。

他人のためにお金を使うのは、目的がはっきりしているうえに、手段も向社会的行動の中でも、特にシンプルで分かりやすいものです。

つまり、「他人のためにお金を使った」その瞬間に、自分の目的は達成できたと脳が理解できる明確な行動をしているので、幸福度もしっかり上がるんですね。

○ 週に1回、「他人のために何かをする日」をつくる

ちなみに、同じコミュニケーションなら知らない人にするほうがいいハッピーアクションになる――とお伝えしました。この脳の仕組みと同じやり方で、他人のためによいことをする方法論もあったりします。

研究72 カリフォルニア大学のソーニャ・リュボミルスキーらは、「知らない人のコインパーキングの料金を払う」「献血をする」「友人の問題を解決する」「昔お世話になった先生にお礼状を書く」など、6週間にわたって週に5回の向社会的行動――すなわち〝一日一善〟ならぬ〝一週五善〟をした被験者と、特に何もしなかった被験者を比

べる研究をしています。

まず、幸福度を比べた結果、〝一週五善〟をした被験者のほうが高くなっています。これはみなさんにとっても想定内だと思うのですが、興味深いのは〝一週五善〟のこなし方です。

方法はグループの中でもさまざまでしたが、最も幸福感が高くなったのは、「1日にまとめて向社会的行動を5回した人」でした。

つまり、ハッピーアクションとして〝一週五善〟をするなら、**〝週に一度、一日五善〟**がベストになるわけです。

新しい経験や変化を求める脳には、日常的にするより、たまにこのようなアクションをまとめてするほうが刺激的であるためと考えられます。

とはいえ、一日一善だって、小さな幸せは得られるわけですから、やってもいいのです。むしろ、そういう小さな幸せを毎日見つけられる人生のほうが、人によってはいいのかもしれません。

みんなが一日一善を実践すれば、思いやりのある、やさしい、そして幸せな社会になるでしょう。
まずは、私たちからはじめてみませんか？

23

ハッピーアクション

他人の幸せを願う

向社会的行動＝人のためになることがハッピーアクションになりました。みなさんの中にも、令和6年能登半島地震の災害支援金などに寄付をされた方もおられることと思います。

しかし、今回の地震のようなあまりに被害が大きいものだと、寄付をしても、すぐに事態が好転するわけではないので、心が晴れずにモヤモヤしてしまいがちです。

○ 不幸なニュースを見たら、心を寄せるだけでもいい

国外を見ても、本当に酷《ひど》い出来事ばかりです。

今、社会に山積するさまざまな問題に対して、自分にできることをひとまずやって、そのあと何もできずに苦しんでいる——そんな方も多いと思うのですが、一つお伝えしたいのが、「**心を寄せるだけでいい**」ということです。

どうしてもニュースは風化してしまうので、新しい大きな災害や紛争が起きると、そのニュースが増えて、まだ復興していない災害の被災地や、紛争が続いている地域のことを忘れてしまいがちです。

しかし、覚えてさえいれば、今は余裕がなくても、また少し懐具合がよくなったら、再び寄付することだってできます。

覚えていること、心を寄せることさえできれば、それだけで立派に「何かしている」

ことになります。

もちろん、災害や紛争のような大きな話に限らず、少し元気がなさそうに見えた友人に、仕事が忙しくて連絡はしていないが思いを寄せている、といった話でも同じことです。

○他人の幸せを願うことで自分も幸せな気分になる

——と、ここまでは、「向社会的行動の捉え方、枠組み」的な内容になってしまいましたが、この話も、ちゃんと幸福度に繋がります。

というのも、「**他人の幸せを願う**」だけでもハッピーアクションになるのです。

研究73 アイオワ州立大学のダグラス・A・ジェンタイルらは、被験者496名に大学内の建物の周囲を12分間歩いてもらい、その間、目に入る見知らぬ人たちについて、次の4グループに分けて、それぞれの内容を一所懸命に考えてもらいました。

①彼らが幸せになることを心の底から願う
②彼らと共有できる希望や感情について考える
③彼らと比べて自分が恵まれているか考える
④彼らの衣服やアクセサリーについて考える

すると、グループ①の被験者は、不安感が減少し、幸福感や共感力が向上し、思いやりや連帯意識が高まるなどの結果が出たのです。

これもやはり、進化心理学で説明できる現象です。

脳は〝情けは人のためならず〟が正解だと理解している。つまり、利他的な行動をすると幸福感を覚えるようになれば、生存競争を勝ち抜きやすいと認識しているわけです。

だから、他人の幸せを願うことで、自分も幸せな気分になる。

この研究で注目するべきは、「他人の幸せを願う」がハッピーアクションになっている点です。

お金を使うことほど、直接的な影響は及ぼせないし、無力感に苛まれることもあるでしょう。

それでも、少なくとも脳は、心を寄せるべき何か／誰かのことを忘れず、思い続けるだけでも、幸福度が上がるアクションと認識しているわけです。

また、「見知らぬ人でいい」というのも、面白い点です。ともすれば、知らない人のことは、ネガティブに評価しがちになるのが人の常——。生存率を上げるためには、知らない人は警戒すべきという本能のはたらきがあるからです。

でも、心の中で見知らぬ人たちの幸せを願っているだけなら、彼らと直接かかわることはないので、危険が伴うわけではありません。実質的に、自分には無害。

それなら、道で見かけた子どもや、微笑ましい老夫婦、頑張っている人など、気持ちを寄せやすい人を見つけては、彼らの幸せを願う。そういうことを続けていると、あなたの心もポカポカし、幸福度が高まる日常に変わるでしょう。

24

ハッピーアクション

目の前の物事に集中する

情報や誘惑が多すぎる現代において、**「目の前の物事に集中すること」**は簡単ではありません。しかし、集中できると、そのこと自体がハッピーアクションになります。

研究74 ハーバード大学のマシュー・A・キリングワースとダニエル・T・ギルバートは、オリジナルのiPhoneアプリを使って、13カ国に住む18〜88歳の5000人を対象にさまざまな質問をして、回答を集めました。

すると、46・9%の被験者が、やっていることと考えていることが一致しているときに比べると、そうでないときのほうが幸せを感じない――という結果が出たのです。

この結果から、キリングワースとギルバートは、「**幸福に必要なことは、心身が今に集中することである**」としています。

○人は〝暇〟になると、不安になる

なぜ、集中が幸せに繋がるのか。

これも、進化心理学で説明できます。

本書で、たびたび人間は不安になりやすい生き物だと述べてきました。

人間は、不安や恐怖を感じなくなると、危ないことでも平気でしてしまい、すぐに死んでしまうのです。車がぶつかりそうになっても怖くないし、崖だって怖くない。

そうだとすると、平気で断崖に突っ込んで行ってしまいます。

ですから、生命や生活を脅かす不安や脅威を敏感に感じ取るセンサーが優れているほうが、それらへの準備や対処が容易になるので、生存確率が高くなります。

その結果、人間は不安センサーをビンビンに働かせるような仕組みをもともと持つようになったわけです。

脳は、基本的にマルチタスクが苦手。

マルチタスクをやっているようでも、実際にはシングルタスクをバシバシ切り替えているだけだということが分かっています。

放っておけばネガティブな考えが浮かんできてしまいますが、目の前のことに集中できていれば、脳はシングルタスクでガンガン働き出し、不安が顔を覗かせる隙がなくなります。結果、不安や不幸を感じにくくなるわけです。

「一心不乱」「無我夢中」「一所懸命」という四字熟語は、そういう意味では、非常に的を射た表現ですね。集中していれば余計なことを考えない、あるいは余計なことを考えないで集中してやる。これが大切だということです。

ちょっとことばは悪くなりますが、**不安や不幸を感じるのは、「暇」だから**。隙があるからなのです。

だったら、目の前のことに全力で集中して取り組んだほうが、作業も効率よく進むし、終われば達成感も得られるし、結果も出せるわけですから、絶対にいいわけです。

実際、たとえば、研究75 スタンフォード大学のエヤル・オフィールらの研究のように、マルチタスクは作業効率を下げるとする研究は多くあるので、成果を上げるためにも、やることを絞って集中することは重要です。

故スティーブ・ジョブズは、**「この地上で過ごせる時間には限りがある。本当に大事なことを本当に一生懸命できる機会は、二つか三つくらいしかない」**と述べています。

大事なことだけに一所懸命になる。それが幸せの秘訣です。

25

ハッピーアクション

スマホを遠くに置く

集中の大切さについてお伝えしましたが、現在、私たちを集中から遠ざけるものナンバーワンは、おそらくスマホでしょう。

◯ SNSは嫉妬心を増幅する⁉

人間は放っておくと不安になってしまう生き物だから、ついSNSやニュースを見て、友人知人の近況や、社会問題について調べてしまいます。

でも、**研究76** ゲルフ大学のエイミー・ミューズらの研究によると、フェイスブックなどのソーシャルメディアの利用は、嫉妬心を増幅するそうです。

また、人間は**ネガティビティ・バイアス**を持っているので、ニュースなどの情報を見たときに、ついついネガティブな情報ばかりが目に入ってしまうということもあります。結局、そういった情報サービスへの依存は、アンハッピーアクションになってしまう可能性が高いわけです。

さらに、自分で調べると情報を集めすぎてしまうことも多々あります。情報が多すぎるのも問題で、それはそれで、正しい選択ができなくなったりすることも **研究77** ラドバウド大学のアプ・ダイクスターハウスらの研究などで分かっているのです。

これらの研究を踏まえると、何かに集中したい人は、隣の部屋や時限式のロッキングコンテナに隔離するなどして、強制的にスマホが使えない状況にできるとよいでしょう。

○スマホの使いすぎは、ネガティブなことのオンパレード！

実際、研究78 南メーン大学のビル・ソーントンらの研究で、スマホがそばにあるだけで、注意力が低下するということが分かっています。

同様に、研究79 テキサス大学オースティン校のアドリアン・F・ウォードらの研究で、机の上、ポケットやバッグの中、別の部屋にスマホがある状態で実験したところ、スマホが近くにあるほどワーキングメモリの機能と流動的知性（新しい問題に対して論理的に考えたり解決したりする能力）が低下することが分かりました。

単に、スマホが近くにあるだけで、認知能力が低下し、認知機能が損なわれること、すなわち集中して効果的に脳を使うことができなくなることが分かったわけです。

また、スマホへの依存度が高い人ほど、スマホの存在が認知能力に与える影響が大きいそうです。

このように、スマホは、現代の生活の中で、ほぼなくてはならない存在感を示すものにはなっていますが、集中したいときはそばに置かないことが大事なようです。

他にも、**デジタル・デトックス**、すなわち、スマホやパソコンなどのデジタル機器や、インターネットを一定期間使わない時間をあえてつくるのもいいでしょう。

研究80 ヴッパータール大学のテダ・ラトケらのメタ研究によると、スマホの使いすぎは、ストレスの増加、不安、抑うつ、睡眠障害、身体活動の低下、対面での社会的交流の減少、全体的な幸福感の低下、中毒的な行動、生産性の低下、現実世界との断絶感など、ネガティブな影響のオンパレードです。

しかし、デジタル・デトックスの時間を設けることで、幸福感、気分、健康行動、不安レベル、スマホへの依存を改善する傾向があるようです。

頭をリフレッシュしたり、リアルな世界での体験や人との繋がりを大切にするために、「**モバイルフリー**」な日をあえて設けて、実際の世界で遊んだり、友人や家族と楽しむ時間をつくりましょう。

○ 1日30分なら、SNSにもメリットがある

スマホで利用されるSNSにも、幸福度を下げる効果があります。

SNSと幸福度の研究は数多くあり、その結果はさまざまながら、総じて言えることは、「**やりすぎはよくない**」というものです。

たとえば、研究81 ユニバーシティ・カレッジ・ロンドンのイボンヌ・ケリーらが、若者1万人以上（平均14・3歳）を対象に実施した調査では、SNSの利用時間が長い人ほどうつになる傾向が見られ、特に女性はその傾向が強く出ています。

また、研究82 ペンシルバニア大学のメリッサ・G・ハントらの研究では、1日30分程度であれば、孤独感の解消、うつの抑制などの効果があるという結果が出ています。

ハントらは、学生143名を対象に、次の2グループに分けて実験を行いました。

A　フェイスブックやインスタグラム、スナップチャットなどの利用を「1日10分間」に制限される

B　SNSをいつもどおり、制限なく好きなときに利用できる

すると、グループAの被験者は、グループBに比べて、孤独感やうつ、不安を抑制する効果が見られました。さらには、両グループの被験者に「取り残される」といった不安が解消される傾向が示されています。

ただし、これだけ見るといいことばかりに見えますが、ハントらも長時間の利用はいい効果をもたらさず、**1日30分程度に留めるべき**としています。

つまり、「集中」というハッピーアクションの邪魔になるスマホから離れると、SNSからも遠ざかれるので、ダブルのハッピーアクションになるわけです（それで仕事用PCでSNSを見るようでは本末転倒ですが……）。

とはいえ、ＳＮＳのメリットを挙げる研究は他にもありますし、完全に止めたほうがいい、とまでは思いません。

そこでおすすめしたいのが、スマホ制限アプリの利用です。

ＳＮＳなど、特定のアプリの利用制限を設定できるので、自分の集中を妨げるＳＮＳやゲームのアプリだけを使えなくすれば、緊急時の電話連絡などは問題なくできます。

「家族や仕事相手と連絡が取れなくなると困るから、物理的なスマホ隔離はできない……」という方にはピッタリです。

そうして、他の用事がないときに30分だけＳＮＳをすれば、ＳＮＳのデメリットを回避して、メリットだけを享受できるかもしれません。

そのためには、ＳＮＳを決まった時間に決まった時間だけするという日々のルーティンにすると、セルフコントロールがしやすくなります。その時間が来ると強制的に止めるような仕組みにするのです。出勤前の空いた時間だけする、トイレで用を足すときにだけするなど、他の決まった時間で必ず止めざるを得ないルーティンに組み込みましょう。

人間は、意思だけで行動を変えることはなかなかできません。ですから、そうせざるを得ない状況をつくり出すように、環境や行動パターンを整えていくのです。

26

ハッピーアクション

ハッピーな人と一緒にいる

おいしいものを食べていい気分になっていると、その感情に引っ張られ、一緒にいる相手の印象もよくなるという脳の性質をご紹介しました。

このような感情の伝播《でんぱ》は、人から人へも起こることが分かっています。

つまり、**「ハッピーな人と一緒にいる」**ことができると、自分の感情もアゲられるのです。

研究83 愛知医科大学の松永昌宏らは、18～25歳の213名を対象に、架空のストーリーを読んでもらい、その反応を調べる研究を行っています（唾液に含まれる幸せホルモンであるセロトニンの量を測る）。

ストーリーは、ライフイベントや人間関係が書かれており、被験者は主人公の立場で追体験する内容になっています。

ライフイベントは「ポジティブ」と「ニュートラル」と「ネガティブ」の3種類、人間関係も「ポジティブな友人」と「ネガティブな友人」と「友人がいない」の3種類で、被験者はそれぞれ、3×3＝9通りの組み合わせのストーリーを読んでいます。

この結果、被験者の幸福度を最も高めた要素は、**「ポジティブな友人」**の存在でした。ライフイベントがネガティブなものであっても、ポジティブな友人がいれば幸福感を覚える傾向が出ています。

自分に起こるライフイベントを完全にコントロールするのは、不可能。どれだけ努力しても、外的な運の問題でネガティブな出来事が起こる可能性はゼロにできません。

でも、自分が付き合う人は、自分の意思で選べます。嫌なことがあっても、ハッピーで楽しそうな友人がいれば、自分もハッピーになれるというのは、実に興味深く、心強い研究結果と言えるでしょう。

○ネガティブな友人とは、どう付き合う？

一方で、要注意なのが「ネガティブな友人」の存在です。

松永らの研究でも、ネガティブな友人がいるストーリーを読んだ被験者は、友人がいないストーリーを読んだ被験者よりも、幸福度が下がる傾向が出ました。

ですから、「できるだけハッピーな人と〝だけ〟付き合う」のがおすすめです。

とはいえ、自分の幸福度のためだけに付き合う相手を選ぶ――というのも寂しい話です。ネガティブな性格だけど、魅力的で大切な友人がいる方も少なくないでしょう。

なので、基本的な考えとしては、「**幸せそうな友人が増えるに越したことはない**」といったところになります。

そのうえで、「今、自分は結構ハッピーだ」と思える方、余裕のある方には、ネガティブな友人が、ポジティブになれるように努めることをおすすめします。

それができれば、「人のためになる」というハッピーアクションになりますし、友人が自分には何もできない大きな問題で苦しんでいても、その友人のために祈るだけで意味があります。

さらに、あなたが友人を元気づけようと、前向きであり続ければ、あなたの存在そのものが、友人にとってのハッピーアクションになります。幸せの連鎖、ハッピーフレンズの輪をつくり出すのです。

このような、ハッピーアクションの合わせ技や応用も意識できると、運気を上げるのにより効果的なアクションになることが期待できます。

27

ハッピーアクション

笑顔の自分を自撮りする

SNSとの付き合い方は人それぞれですが、最もポピュラーな使い方の一つは自分や友人、食べ物といった、写真のアップロードではないでしょうか？

私自身も、さすがにTikTokにダンス動画をアップするようなことはありませんが、フェイスブックなどに投稿するときは、何かしらの写真がほぼ必ずセットになっています。

そんな写真についてもさまざまな研究があり、**「笑顔の自分を自撮りすること」**がハッピーアクションになるようです。

○いい写真を撮るだけでも幸福度は上がる!?

研究84 カリフォルニア大学アーバイン校のユ・チェンらは、41人の被験者を3グループに分けて、それぞれ、A「笑顔の自撮り写真」、B「自分が嬉しくなるものの写真」、C「他者を喜ばせるものの写真」を毎日1枚、4週間にわたって撮影させる実験を行いました。

すると、3週間を過ぎた頃には、すべてのグループでポジティブな感情の増加が見られました。つまり、写真を毎日撮るだけで、幸福度が上がったのです。

さらに、グループA〜Cの中で最もポジティブな感情が増したのが、笑顔の自撮り写真を撮影するグループAでした。次いでグループB、グループCの順番です。

ここまで何度か、自分や周囲の人の感情に引きずられる脳の性質をご紹介していますが、この研究でも、笑顔の自分を自撮りするグループＡの被験者は、普段の生活の中で笑顔が増えるという結果が出ています。

ちなみに、自分が嬉しくなるものを撮ったグループＢの被験者は思慮深さに富むようになり、他者を喜ばせるものを撮ったグループＣの被験者は「家族や友人との関係が、自身のストレス軽減に繋がる」と感じるようになったそうです。

このチェンらの研究のポイントは、〝笑顔〟の自撮り写真である点です。ハッピーアクションとするには、あくまでもニッコリ笑った自撮りでなければいけない。

しかし、自撮りをするにしても、笑顔で撮るのは難しいと感じる方も多いでしょう。そんな方は、グループＢ・Ｃのような、自分の好きなものや、家族や友人が喜びそうな写真を撮影するとよいでしょう。

ただ、それはそれとして、「嘘の笑顔でもいいから自撮りをする」というのも一つの手です。

なぜなら、単純な脳は、つくり笑顔でも「心から笑っている」と勘違いしてしまうことが分かっているからです。

○つくり笑顔でも、ストレスが軽減する

笑顔には、さまざまな健康効果があることが分かっています。

研究85 カンザス大学のタラ・L・クラフトとサラ・D・プレスマンは、つくり笑顔でも効果があることを実証しています。彼らは、被験者に1分間、氷水に手をつけてもらうなどして、ストレスを与えたあとに、次の三つの方法で箸をくわえさせる実験を行いました。

①軽い微笑みに見えるように箸をくわえる

②口角が上がって大きな笑顔に見えるように箸をくわえる

③リラックスした状態で特に表情に変化がないように箸をくわえる

どうしてこんなことをしたかというと、笑顔にはストレスホルモンのコルチゾールの分泌を抑制する効果があるからです。

要するに、本当に楽しくて笑うのではなく、箸のくわえ方で「笑顔っぽい」顔になるだけでも、本来の笑顔が持つストレス軽減効果があるか——を測定しようとしたわけです。

そうして箸をくわえた被験者の心拍数やストレス度を計測すると、②「口角が上がって大きな笑顔に見えるように箸をくわえる」被験者たちの心拍数やストレスが、最も低いという結果が出ました。

研究86 心理学者のウィリアム・ジェームズは、「悲しいから泣くのではなく、泣くから悲しくなるのだ」と述べています（これを「ジェームズ・ラング説」と言います）。「体が先、脳が後」とお伝えしましたが、笑うことも同じです。

嘘でもいいからニコニコすると、気持ちがアガっていく。

なので、「笑顔が苦手」「自撮りが苦手」という方でも、つくり笑顔で自撮りすれば、ハッピーアクションの効果が得られると考えられます。

「つくり笑顔自体が無理！」と思う方は、実際に口角が上がるように箸をくわえて、自撮りをしてみるのもいいかもしれません。

実際にやってみると分かるのですが、箸をくわえて口角を上げるのは、結構簡単です。自然な笑顔をつくるより楽な人もいるはずですよ。

SNSについての諸研究を踏まえると、SNSに写真や動画をアップするのは、承認欲求にまつわる行動でもあります。みんなが見てくれて「いいね」などの反応をしてくれれば（認めてくれれば）、ハッピーになるわけです。

一方で、チェンらの実験で、「他者を喜ばせるものの写真」の撮影でも幸福度がアップしているのは、利他行動が自分自身をハッピーにするという話と繋がってきます。

ただ、SNSのやりすぎには気をつけてください。写真撮影のメリットよりも、SNSのデメリットが大きくなるようでは元も子もありません。

28

ハッピーアクション

ヘンな動きをする

つくり笑顔でも、笑顔がもたらす健康効果が得られるとお伝えしました。

このような、単純な脳の仕組みを理解していると、落ち込んでいるときも、気分をアゲる方法があることが分かります。


さらに、運動は幸福度と密接に結びついています。

ただでさえ効果的な運動で、この「脳の騙し」ができると、ダブルで効果的なハッピーアクションになるのです。

○やっぱり体が先、脳が後

では、具体的にはどうすればいいのか。そのヒントをくれるのが、研究87 サンフランシスコ州立大学のエリック・ペパーとI－メイ・リンの研究です。

この研究では、被験者たちに「両手を大きく上げてスキップする」といった楽しそうな動きや、「うつむいて歩く」といったしょんぼりと落ち込んでいるときのような動きをしてもらい、アクション後の変化を見ています。

結果、楽しそうな動きをした被験者は元気になり、落ち込んでいるときのような動きをした被験者は気持ちも落ち込むという結果が出ています。

おまけに、落ち込んでいるときのような動きをした場合、動作をする前は元気だった被験者の元気度まで下がっていたのです。

このように、「楽しそうな動きをする」ことは、効果の大きいハッピーアクションになるのです。

そこで、おすすめしたいのが、**「ヘンな動きをする」**です。特に、「変なおじさん」「ヒゲダンス」のようなダンスがいいでしょう。

研究88 ヨーク大学のマクシン・キャンピオンとシェフィールド大学のリアット・レビタの研究でも、5分間ダンスをすることでストレスや疲労の解消に効果があるということが分かっています。

バンザイしたり、ガッツポーズをしても、気分はアガります。心のコントロールも重要なアスリートが、体を大きく動かして喜びを表現するのも、それが効果的であることを知っているからでしょう。

ただ、どうせハッピーアクションをするなら、運動として負荷のある動きができれば、運動そのものの効果も得られます。ウォーキングやランニングに比べると、ダンスは部屋の中でもできるので、一人家で気が塞いでいるときにもやりやすいでしょう。「弾けないギターを弾くんだぜ」という電気グルーヴの曲のように、「踊れないダンスを踊る」でかまいません。

ぜひみなさんも、元気を出したいときは、ちょっとコミカルな動きとかも加えて、腰を振ったり、手を大きく振り上げたりするくらいでもいいので、適当に楽しく踊ってみてはいかがでしょうか。

世界的なミュージシャンであった故・坂本龍一氏も、こういった一連の研究結果があることを知って、楽しい動きをして気分をアゲるようにしていたという話もあります（実は、光栄なことに、筆者は40年以上の坂本龍一氏のファンなのですが、筆者が書いたこの現象に関するウェブの記事を坂本氏が読んで、実践してくれていたというありがたい話も聞いています）。

世界中のあらゆる文化にも踊りがあります。どんな未開の文化でもあります。古代から存在するものも数多くあります。しかも、そういう踊りの多くは、喜びを表すものです。嬉しいと体を動かしたくなるし、嬉しい動きをすることでさらにハッピーになることを人類は経験から知っているようです。

29

ハッピーアクション

コーヒーの香りを嗅ぐ

さて、ここまでいろいろなハッピーアクションをご紹介してきましたが、どれも、自分が行動を起こしたり、考えたりする能動的なものばかりでした。

そのこと自体は、体一つあればできて、お金の有無などに左右されないので、むしろいいこと。

しかし、そうは言っても、「落ち込んでいるときに動けないよ」と思われる方もいると思うので、ここで受け身ないしは、ちょっとしたことでできるハッピーアクションもご紹介しておきましょう。

○あなたにとっての「ライナスの毛布」は何ですか？

それが、「**コーヒーの香りを嗅ぐ**」です。

研究89 ソウル大学のソ・ハンソクらは、ネズミにコーヒー豆の匂いを嗅がせて、脳の状態を調べた研究で、寝不足のネズミのストレスを解消させる効果があるとしています。

この研究のポイントは、「匂い」の効果を明らかにしている点です。

元気がなくて、コーヒーを買いに行ったり、自分で豆から淹《い》れたりするのは難しい、という人でも、コーヒー豆やインスタントコーヒーを常備しておいて、その容器の蓋《ふた》を開けて匂いを嗅ぐだけならできそうではありませんか？

ちなみに、コーヒーが苦手な方もいると思いますが、誰しもが、自分にとっての「ライナスの毛布」をお持ちだと思います。ライナスの毛布は、その人が自分の心を落ち着かせるために大切にしているものを指す心理学用語です（もともとイギリスの精神分析医ドナルド・W・ウィニコットが提唱した「移行対象」という概念）。研究90 スヌーピーで有名な『ピーナッツ』に登場するキャラクターのライナスが、いつも青い毛布を持っているのが由来です。

コーヒー豆の香りで特にリラックスしないという方は、自分のライナスの毛布を見つけて、落ち込んだときに助けてもらえるような環境を整えるといいですね。

○「好きなもの」へのアクセスを簡単にする

たとえば、分かりやすいもので言うと、「推し活」もライナスの毛布にあたるでしょう。

まず、自分の好きなものを明確にする。

そのうえで大切なのは、その「好きなもの」へのアクセスを何段階かに分けることです。

コーヒー好きにしても、できあいのものを飲むのと、自分で豆から淹れるのとではアクセスのしやすさが大きく変わります。

買う場合も、自動販売機からコンビニエンスストア、チェーン店やこだわりの専門店、喫茶店などレイヤーはさまざまですし、自分で淹れる場合でも、豆や道具にどこまでこだわるかで、必要なアクションの回数や強度、かかる金額も大きく変わります。

推し活で好きなアイドルがいる方で言うと、一番自分をハッピーにしてくれるのは、ライブ会場などに直接見に行くことだと思います。

でも、常にタイミングが合うとは限りませんし、あまりに元気がなかったら外出もできないかもしれません。

だから、壁にポスターを貼ったり、スマホの壁紙にしたりと、すぐにアクセスできるものを用意しておく。お気に入りのライブ動画をすぐに見られるようにしておくのもよいでしょう。

アイドルに限らず、一番簡単なのは、やはり好きな人や風景の写真をスマホで見られるようにすることでしょうか。

青い空やきれいな海を見て、リラックス効果を得ようとするなら、これもやはりライブが一番だとは思いますが、研究91 大阪市立大学の水野敬らの研究で、森林などの自然の景色のように視覚的な「癒やし」効果は、画像を見ることでも得られることが分かっています。

「最近いいものを見てないなあ」と感じる方は、スマホ上でもいいので、好きな何かを画像検索して、目と脳にご褒美をあげてみてください。

30

ハッピーアクション

誰かと比べて嫉妬しない

今の社会は、お金を持っている人や、活躍している人の様子をＳＮＳで簡単に見られるので、つい自分と比較してしまう人が増えているように思います。

自分の現在位置を確認するうえで、他者の存在は大切なベンチマークになるので、比較すること自体が悪いこととは言いません。

ただ、自分の状態があまりよくなかったり、理想から離れていたりすると、比較対象に嫉妬してしまう人もいるでしょう。

この嫉妬、残念ながら、〝基本的には〟アンハッピーアクションです。

逆に言うと、**「誰かに嫉妬しない」**ことや、その根本原因である**「誰かと自分を比べない」**ことはハッピーアクションになるのです。

○ 嫉妬は認知症のもと

ちなみに、嫉妬は人間に必要不可欠な感情です。

進化心理学的には、嫉妬や怒りは、自分の子孫繁栄の障害になるものを防ごうとする行動力の源になります。自分より魅力的な存在を見つけたとき、嫉妬心から相手を攻撃することで、自らの子孫繁栄の可能性が高まるわけです。

今の時代からすると乱暴な話ですが、そのような暴力的な競争を経て、今の人類があることは紛れもない事実。嫉妬は生存本能であり、種の保存の原理にもしたがっているわけです。

しかし、そんな嫉妬ではありますが、平和な場所で100年近い寿命を享受できる立場の人間にとっては、デメリットのほうが大きいようです。

研究92 イェーテボリ大学のレナ・ヨハンソンらは、スウェーデン在住の女性800名を38年間追跡調査するという大変な研究を実施しています。

この研究によると、怒りや不安、嫉妬などを抱きやすい女性は、アルツハイマー型認知症の発症リスクが高まる結果が出ており、ヨハンソンらは、男性も同じ傾向にあると見ています。

研究93 東フィンランド大学のエリサ・ネウボネンらによる研究でも、他者に不信感を抱く傾向がある人は、認知症のリスクが約3倍になるとされています。

また、研究94 テルアビブ大学のアヤラ・アラドらによる、「比較は自分を不幸にするだけ」という研究結果もあります。

○ 使い方次第では、妬みもポジティブなものになる!?

では、そんな困った嫉妬が、なぜ「〝基本的には〟アンハッピーアクション」なのか。

それは、付き合い方次第では、ポジティブなエネルギーに転化できるからです。

心理学では、ポジティブなアクションに繋がる妬みを「良性妬み」、そうではない妬みを「悪性妬み」と呼びます。

つまり、誰かに嫉妬したくなったら、それをどうにかして良性妬みに持っていければ、嫉妬も悪いものではなくなるのです。

他者と比較するのは、人間の本能的な営み。自分の「位置」、自分自身の能力や価値を知ることで、どう振る舞っていくかを判断することができるからです。嫉妬している自分に気づいたら、**「これは嫉妬ではなく比較だ」**と考えて、その比較によって自分改革のために何が必要なのかを考える機会にするのはどうでしょうか？

たとえば、「あの人お金持ちでいいなあ……」ではなく、「あの人みたいに稼ぎたいから、自分の能力を伸ばすためにやっていることをマネしてみよう」といった形で、ただ羨む／妬むのではなく、行動に繋げる。そんなエネルギーにできるなら、嫉妬も悪いことばかりではありません。

実際、成功の秘訣は成功している他人の模倣だという研究もあります。研究95 南デンマーク大学のパンテリス・P・アナリティスらの14000人を対象にした調査によると、「好みの似た人の選択をマネする場合」と、「多くの人がした選択する場合」では、「好みの似た人の選択をマネする場合」のほうが、パフォーマンスがいい、と明らかにしています。

また、研究96 ペンシルベニア大学のケイティ・S・メーアらの調査では、周囲で運動を習慣化することに成功している人の目標の設定方法と達成方法をそのままコピペ（＝マネ）すると、自分も運動習慣が身につき、自身の目標を達成しやすくなることが分かっています。**「模倣は成功の母」**というわけです。

嫉妬するのは、自分とその人の関心や好みが同じ部分で自分がその人より劣っていると感じてしまうから。ですから、思い切って、その人のマネ、あるいはその部分で成功している人をマネしてみるのも得策かもしれません。

31

ハッピーアクション

いい人間関係を築く

いよいよ、17のラッキーアクションと、14のハッピーアクションからなる本書の、最後の項目です。

最後にご紹介するハッピーアクションは、**「いい人間関係を築く」**というものです。

これまで、本書でもたびたび、外向的であることやコミュニケーションが幸運を招き、幸福度を上げることをお伝えしてきました。

では、私たちは何のために人と出会い、触れ合い、対話を重ねるのか？

その目的はさまざまで、自分がお金を儲けるために相手を騙そうとする人だっています。口を開けば誰かの悪口ばかり、という人もいます。

しかし、あなたの目指すものが「幸せ」で、「運気を上げて幸せになりたい」と思い本書を手に取られたのであれば、もう科学的な結論は出ています。

幸せになりたければ、「いい人間関係」を目指すべきなのです。

嫉妬心が強い方のお話をしたのも、そのためです。幸せを左右するのは、家柄でも、学歴でも、年収でも、貯金でもありません。

大切な友人知人、家族がいることが重要なのです。

マイホームも、ランボルギーニも、ロレックスもいりません。

いらないと言うと語弊があるかもしれませんが、それらと幸福は無関係です。スーパーカーを乗り回している幸せなお金持ちだっているでしょう。でも、その人が幸せな理由は、スーパーカーやお金ではありません。

○一人でも、心から信頼できる人がいますか？

前置きが長くなりました。

研究97 研究98 ハーバード大学のハーバード成人発達研究所（Harvard Study of Adult Development）は、ハーバード大学卒の男性たちと、ボストン育ちの貧しい男性たち、約700名を対象に、80年にわたって被験者の幸福度と、その要因について調べました。

非常に長きにわたるこの研究の結論をまとめると、人間の幸福と健康を高めるのはいい人間関係だ——というものでした。

家柄や学歴、職業、家庭環境、また金銭面の話にしても、今の年収だけでなく老後資金の有無までをも可視化したうえで、それでも被験者たちの幸福度と健康に直接関係したのは人間関係だけでした。

よく、炭水化物は安価で買えるので、貧しい人ほど太っていて、困窮具合はひと目では見抜けないと言いますが、年収はそのような意味合いで、本来、健康に直結する要素の一つであるはずです。

ところが、お金を稼げる職業を得る人が多いであろうハーバード大学の卒業生と、貧しい人たちを比較してもなお、幸福度と健康に関連するのは、人間関係が強いのです。

しかも、人数すら関係なく、**たった一人でも、心から信頼できる人がいるかどうか**が重要だというのです。

同研究では、信頼できる人が近くにいる＝いい人間関係がある状況だと、緊張がほぐれて脳が健康に保たれ、心身の苦痛が和らぐ効果が見られました。

対して、孤独を感じる人は病気になる確率が高く、寿命が短くなる傾向も見られました。

いかがでしょうか。

地位も名誉もお金も関係なく、たった一人、信頼できる人がいればいい。

そう思うと、自分にないものを持っている人に対する嫉妬心が、どうでもいいものに感じられませんか？

個人的な意見を言ってしまえば、名誉やお金だけを気にする人付き合いなど、まったく意味はないと思います。

それで人脈を得て、お金持ちになって、周囲に人が増えて一見派手で楽しそうな生活を送れるようになっても、その人たちが見ているのはあなたではなく、あなたの資産やステータスでしかないかもしれませんから。

○ 類は友を呼んでしまう

研究99 テキサス大学のドン・バーンとドン・ネルソンは、自分の趣味嗜好に近い人ほど親近感を覚えてしまい、逆に遠い人ほど反発しがちになることを明らかにしています。これは、「類は友を呼ぶ」ということわざに通ずるところがあります。

バーンとネルソンは、自分と同じ（または似ている）考え方を持つ人に対して親近感を覚える理由として、そんな相手がいることが、「自分の考え方が正しいこと」を証明する材料になるから好意を抱きやすいのだと述べています。

誰だって、自分の間違いを指摘されたくはないから、同じ意見の人と付き合いたくなるのは無理もありません。

でも、今の自分の考えが、幸せから自らを遠ざけるものだったとしたら、どうでしょうか？

「類は友を呼ぶ」は、いい意味だけとは限りません。

名誉やお金だけを気にしてコミュニケーションをする人の周りには、名誉やお金を気にする人が集まりやすいでしょう。

頑張って名誉やお金を追い求め、実際に手にできたのに、そんな自分の周りに集まるのは、自分自身ではなく、名誉やお金ばかりを気にする人ばかり。

そして、そんな人たちが集まることで、「名誉やお金を求めてきた自分は正しかった」と思い込むバイアスはどんどん強固になっていく――。

個人的には、こんなに恐ろしく、虚しいことはないと思います。

マイクロソフト創業者のビル・ゲイツの名言に**「自分を他の誰とも比較してはいけない。そうしたら、自分を侮辱することになる」**というものがあります。

世界屈指の成功者であるゲイツが、このように言うのは説得力があります。

他人の人生を生きることに、大した意味はありません。

自分の幸せのために、自分の人生を生きようではありませんか。

そして、「自分の人生」とは、自分についてだけ考えることを意味しません。

信頼できる誰かのために動く。

不幸な環境にある誰かの幸せを祈る。

そんな利他的な行動も、自分のための行動です。

現在のゲイツが、妻と設立した「ビル&メリンダ・ゲイツ財団」の慈善活動に人生を捧げているのも実に示唆的です。

○挫折も「最終的に幸せな人生」に繋がる

もう一つ、併せてお伝えしたいのが、幸福を長いスパンで考えて、今の状態に引きずられすぎないことです。

現在の自分を「不運だ、不幸だ」と感じる方は、**「これから幸福がやってくるんだ」**と考え、悲観的になりすぎないようにしてください。

研究100 ポンペウ・ファブラ大学のジョルディ・クオイドバックらは3万7000人を対象に、喜び・畏敬・希望・感謝・愛・自尊心など9つのポジティブな感情と、怒り・悲しみ・恐れ・嫌悪・罪悪感・不安などの9つのネガティブな感情の関連を調べました。

その結果、精神衛生的に健康で、幸福度が高い傾向になったのは、ネガティブな感情も含めて多様な感情を持っている被験者でした。

つまり、楽しいことも悲しいことも、さまざまな出来事を経験し、日々の生活の中でさまざまな感情が湧き上がる人生のほうが、「幸せな人生」になるということです。だから、ネガティブな感情になることのほうが多い方も、「最終的に幸せな人生になるために、今いろんな経験を積み重ねている」と解釈してほしいのです。

また、これまで基本的にポジティブな人生だった方が、大きな挫折をしてしまったら、まるで人生が終わるかのように感じられるかもしれませんが、そんなときは、ぜひクオイドバックらの研究を思い出して、「これからもっと幸せな人生になるためのスタートラインに立ったんだ」と考えてください。

人生の浮き沈みは、後の幸福のため。悲観しなくていいのです。

そもそも、身も蓋もないことを言ってしまえば、ずっと続く幸福はありません。

研究101 プリンストン大学のダニエル・カーネマンは、自分にとって喜ばしいことを追求すると、一時的な幸せには繋がるが、全般的な幸福感を長時間維持するうえでは効果がないと明らかにしています。

先ほど、スーパーカーやお金は幸せの理由にはならない、とお伝えしましたが、富や名声を持っていても、ちっとも幸せそうに見えない人がいるのも、人間がそのように感じる生き物だからなのでしょう。

最初のうちは、自分が欲しい何かを得るためにがむしゃらに努力して、それを実際に獲得できると幸せを感じる。でも、それが当たり前になると、その幸福感を維持するのが難しくなってしまう――。

自分以外の人や、社会のためになる活動をはじめる人は、単なる綺麗事でなく、そうすることが自分の幸せに繋がると気づいたのかもしれません。それが、「人生のステージが変わる」というものなのではないでしょうか。

あなたにはあなたの人生があり、あなたの幸せに、他者の成功や名誉、お金は関係ありません。

ただ、裏を返せば、あなたが自分の幸福のために、適切なやり方で動きはじめない限りは、幸運に恵まれる機会が訪れないままになってしまうかもしれません。

本書で何度も述べてきたように、結局大切なのは、行動と解釈なのです。幸運に巡り合う確率や幸福度を上げる方法を知るだけではなく、ラッキーアクションやハッピーアクションを生活の中で実践しなければ、みなさんの運気は変わりません。

「思い立ったが吉日」なんてことばもあります。今日、ちょっとでもやろうと思ったなら吉日、つまりラッキーデイ。

できれば、今日から行動してください。

この本を閉じた瞬間から、みなさんの生活習慣が変わり、人生が変わっていくことを、心から願っています。

おわりに

ここまでお読みいただき、ありがとうございます。

本書の最後にお伝えしたいのが、スピリチュアルと呼ばれるものとの向き合い方です。

スピリチュアルと運気は、相性がいいジャンルと言えるでしょう。「霊験《れいげん》あらたか」な御札、なんちゃって開運グッズがあったりしますよね。

一方、私は研究者として、「科学的に運気は上げられる」とする立場です。

そんな私なりの結論を先に述べてしまうと——普通の水を高値で売りつけるよう

な、詐欺まがいのスピリチュアル商法はもちろん論外ですが――、私は科学的な理屈が分からないもの、目に見えないものを否定するつもりはありません。

○ 100%も、0%も絶対にない

その理由は、大きく分けて二つあります。

一つ目は、**科学に「絶対」はない**からです。

つい人間は、強く言い切る言葉に影響を受けてしまいがちですが、真に誠実な科学者は、この世界に絶対はないと理解しているので、研究結果などを強く言い切ることはしません。

いちいちそのように断るとさすがに読みにくいので、本書で細かく留保をつけていませんが、ここまでご紹介した研究も、あくまでも「優秀な科学者たちが、現時点では正しいと考えている〝ひとまずの結論〟」と言えるものばかりです。

もちろん、私なりに強く信憑性《しんぴょうせい》があると感じられるものをご紹介していますが、これから研究が進んでいくことで、結論が覆る可能性はゼロではないのです。

実際に、研究を取り上げたい論文の著者に「あなたのこの研究を私の本で紹介させていただきます」と連絡をしたら、「それはとても嬉しい。でも、その後研究を進めていたら違う結果が出てしまい、その論文はもう取り下げています」と返信がありました。こういうことも少なくないのです。

たとえば、アルベルト・アインシュタインの研究の歴史も、ずっと正解とされることばかりをしてきたわけではありません。

2024年2月に、オーストラリア国立大学が、過去に見つかった中で、最も明るい天体となる超巨大ブラックホールを発見しましたが、そんなブラックホールの存在を、アインシュタイン自身が一度は否定しています。

しかし1939年に、理論物理学者J・ロバート・オッペンハイマーとハートランド・スナイダーが、ブラックホールが存在するとする研究を発表します。しかも、その根拠がアインシュタインの考えた一般相対性理論でした。

これだけ見ると、できすぎのようにすら感じられる美しい話ですが、当時インターネットがあって、その様子をリアルタイムで見ていたら、私たちは振り回されてしまうに違いありません。

そもそもオッペンハイマーとスナイダーの研究も、すぐに認められたわけではなく、侃侃諤諤《かんかんがくがく》の議論が何十年と続きました。

1994年に中井直正が巨大ブラックホールを発見し、1996年には同様の研究をラインハルト・ゲンツェルが発表します。その後、ゲンツェルは中井や自身の研究の確度を1000倍高める研究を発表するなどして、2020年には「天の川銀河の中心にある超大質量コンパクト天体の発見」により、アンドレア・M・ゲズと共にノーベル物理学賞を受賞します。

同年のノーベル賞物理学賞は、ロジャー・ペンローズも「ブラックホールが形成されることは一般相対性理論の確固たる予言であることの発見」によって受賞しており、一般人の目につくような成果でブラックホールが認められたのは、ほんの数年前と言っても過言ではないのです。

つい「科学的」と聞くと、明確ではっきりしたものと思いがちですが、10年先が分からないのが科学なのです。

本編でもお伝えしたように、科学は必ず反論がなければいけません。反論に対応し、研究を深めることで、100%に少しずつ近づいていく。

しかし、それでも絶対の100%はない。答えを知っている者がいるとすれば、それは全知全能の神だけです。

同時に、**100%が絶対にないように、0%も絶対にない。**

どんなトンデモ学説でも、誠実な科学者は「それが絶対におかしい」とは言いにくい。そんな中で「絶対だ」と自信満々に言い切る人は説得力があるように見えてしまうので、ニセ科学的な社会に悪影響を与えるものがなくならないので困ったところではあるのですが、それでも、「真の科学者は言い切らない」ものだと思います。

研究者も、もしかしたらスピリチュアルな人も、自信満々で他人の意見を聞かない人ほど、警戒するくらいの感覚で見るべきではないでしょうか。

それでも、「これはさすがにほぼ間違いなくおかしい」と思うことはありますが、「科学的証明ができていない」＝「科学的ではない」ではありません。

もしかしたら、真実にまだ辿り着けていないだけで、アインシュタインだって、私たちだって、どんな間違いをするか分からないのです。

○スピリチュアルを否定してはいけない

もう一つの理由は、私自身が、科学的とは言えない不思議な経験を、何度もしているからです。

私は専門的には法言語学という分野の研究者なのですが、法律と言語を扱ううえでは人間そのものへの理解も重要なので、さまざまな関連分野の研究も行っており、脳波を測定することもあります。

あるとき、スピリチュアルな力で人の心身を治すヒーラーの女性を、科学的に観察・測定してほしいという依頼を受けたことがあります。

このとき、ヒーラーではなく、施術を受ける方に脳波計をつけ、脳波の変化を測定しました。

その方は、ヒーラーと離れたところにいて、彼女が何をやっているかは見えません。もちろん、ヒーラーはその方に触れてもいません。

ところが、施術を受けている方の脳波計は、ヒーラーが施術を施したときにだけ、たしかに反応していたのです。

そのような経験をすると、現代科学では分からないものの存在を、ある程度は信じざるを得ません。

また、ハワイで有名な占い師と会う機会を得たとき、科学者として「嘘を見抜いてやろう」と意地悪な心持ちで、人生で本当に誰にも話したことのない秘密の質問を胸中に携えて行ったのですが、彼女に会って開口一番、私が口を開く前に彼女がその秘密の質問の答えから話はじめたという信じられない体験をしました。バーナム効果や各種バイアスなど、あらゆる心理学などの科学理論をもってしても、説明のできない現象です。

「そんなの偶然にすぎない」と切り捨てるのは、簡単です。

でも、不思議な現象が起きたのは事実。

因果関係は証明できないですが、否定もできないのです。

さらには、そういった経験を経たあるとき、バラエティ・プロデューサーで、現在は大学教授の角田陽一郎さんに、「九頭龍《くずりゅう》神社はご利益がありますと」という話を伺いました。

それを聞いて、実際に箱根に足を伸ばし、（ちょっと研究者らしからぬ願いかもしれませんが、）「テレビ番組のレギュラーをください」とお祈りしてみたところ、その後本当に朝のワイドショーのレギュラー出演が決まったのです。

「そんなの偶然にすぎない」と切り捨てるのは、簡単です。

でも、不思議な現象が起きたのは事実。

因果関係は証明できないですが、否定もできないのです。

そのようなわけで、私はスピリチュアルと呼ばれるものに対して、「否定も肯定もしない中立」といった立ち位置です。あるかもしれないし、ないかもしれないけど、現代の科学が証明できていないからと言って、否定はしないという立場です。

今後、超常的なものの存在が科学的に立証されることがあったとしても、驚きはするかもしれませんが、最終的には素直に受け入れるでしょう。

○やっぱり信じる者は救われる

そして何より、**「信じる者は救われる」**です。

プラセボは科学的に証明されているので、正直に言えば、インチキなスピリチュアルですら、本人が本気で信じていれば、その力で救われる可能性はゼロではありません。

「神社に行けば願いが叶う」と信じて行動すれば、自信を持っていろいろなことに挑戦できるようになります。その結果、いい結果に繋がったりするでしょう。

ですから、「とにかくお金を要求される」的なことがなければ、気になるものはとにかく信じて、前向きに行動に移してみる――というのは一つの開運法と言ってもよいでしょう。

大切なのは、**行動する**こと。

運気を上げたい方は、まず本書のラッキーアクションやハッピーアクションに取り組んでいただきたいです。

科学を信じないのは、愚かな行為です。しかし同時に、科学で証明されたものしか信じないのも、愚かなことかもしれない……とも思うのです。

その意味で、「スピリチュアルなんて信じるものじゃない」と言ってしまうのは、やはり科学的な態度ではありません。

とにかく、本書を読んでくださった方に、幸運に、そして幸福になっていただきたい。ただそれだけです。

表現を変えるなら、あまり科学だなんだと言われるのが苦手で、スピリチュアルなものに親しんでいる方にも、読んでいただき、生活に役立てていただければと思っています。


とにかく、**動くことでしか人生は変えられません**。

まずは、最初のアクションとして、本書の内容でどれか一つでも、気に入ったものの内容を信じていただき、実際にやってみてください。

私も、「他人の幸福を祈る」というハッピーアクションで自分の幸福度を上げるべく、みなさまの幸せを心から願いながら、筆をおかせていただきます。

Journal. 10.2139/ssrn.2916158.
95) Analytics, P. P., Barkoczi, D., & Herzog, S. M. (2018). Social learning strategies for matters of taste. Nature. Human Behavior, 2, 415-424.
96) Mehr, K., Geiser, A., Milkman, K., & Duckworth, A. (2020). Copy-Paste Prompts: A New Nudge to Promote Goal Achievement. Journal of the Association for Consumer Research, 5. 10.1086/708880.
97) Vaillant, G. E. (2012). Triumphs of experience: The men of the Harvard Grant Study. Belknap Press of Harvard University Press.
98) Vaillant, G. E., McArthur, C. C., & Bock, A. (2010). Grant Study of Adult Development, 1938-2000, Available at https://doi.org/10.7910/DVN/48WRX9, Harvard Dataverse, V4, UNF:6:FfCNPD1m9jk950Aomsriyg== [fileUNF]
99) Byrne, D. & Nelson, D. (1965). Attraction as a linear function of proportion of positive reinforcements. Journal of Personality and Social Psychology, 1, 659-663.
100) Quoidbach, J., Gruber, J., Mikolajczak, M., Kogan, A., Kotsou, I., & Norton, M. I. (2014). Emodiversity and the emotional ecosystem. Journal of Experimental Psychology: General, 143(6), 2057-2066.
101) Kahneman, D., Krueger, A. B., Schkade, D., Schwarz, N., & Stone, A. A. (2006). Would you be happier if you were richer? A focusing illusion. Science, 312, 1908–1910.

Association for Consumer Research, 2(2), 140–154.
80) Radtke, T., Apel, T., Schenkel, K., Keller, J., & von Lindern, E. (2022). Digital detox: An effective solution in the smartphone era? A systematic literature review. Mobile Media & Communication, 10(2), 190-215.
81) Kelly, Y., Zilanawala, A., Booker, C., & Sackesr, A. (2018). Social Media Use and Adolescent Mental Health: Findings From the UK Millennium Cohort Study. EClinicalMedicine, 6, 59-68.
82) Hunt, M. G., Marx, R., Lipson, C., & Young, J. (2018). No more FOMO: Limiting social media decreases loneliness and depression. Journal of Social and Clinical Psychology, 37, 751-768.
83) Matsunaga, M., Ishii, K., Ohtsubo, Y., Noguchi, Y., Ochi, M., & Yamasue, H. (2017) Association between salivary serotonin and the social sharing of happiness. PLoS ONE, 12(7), e0180391.
84) Chen, Y., Mark, G., & Ali, S. (2016). Promoting positive affect through smartphone photography. Psychology of Well-Being, 6(8), 1-16.
85) Kraft, T. L, & Pressman, S. D. (2012). Grin and bear it: the influence of manipulated facial expression on the stress response. Psychological Science, 23(11), 1372-8.
86) James, W. (1884). What is an emotion? Mind, 9(34), 188-205.
87) Peper, E., & Lin, I.-M. (2012). Increase or decrease depression: How body postures influence your energy level. Biofeedback, 40(3), 125–130.
88) Campion, M., & Levita, L. (2014). Enhancing positive affect and divergent thinking abilities: Play some music and dance. The Journal of Positive Psychology, 9(2), 137-145.
89) Seo, H.-S.; Hirano, M., Shibato, J., Rakwal, R., Hwang, I. K., Masuo, Y. (2008). Effects of Coffee Bean Aroma on the Rat Brain Stressed by Sleep Deprivation: A Selected Transcript- and 2D Gel-Based Proteome Analysis. J. Agric. Food Chem., 56, 4665–4673.
90) Winnicott, D. W. (1953). Transitional objects and transitional phenomena. International Journal of Psychoanalysis, 34, 89-97.
91) 水野敬・佐々木章宏・田島華奈子・堀洋・渡辺恭良 (2015). 森林を含む風景画像の活用による抗疲労効果, 第126回日本森林学会大会, 833.
92) Johansson, L., Guo, X., Duberstein, P. R., Hällström, T., Waern, M., Ostling, S., & Skoog, I. (2014). Midlife personality and risk of Alzheimer disease and distress: a 38-year follow-up. Neurology, 83(17), 1538-1544.
93) Neuvonen, E., Rusanen, M., Solomon, A., Ngandu, T., Laatikainen, T., Soininen, H., Kivipelto, M., & Tolppanen A. M. (2014). Late-life cynical distrust, risk of incident dementia, and mortality in a population-based cohort. Neurology, 82(24), 2205-2212.
94) Arad, A., Barzilay, O., & Perchick, M. (2017). The impact of Facebook on social comparison and happiness: Evidence from a natural experiment. SSRN Electronic

experience reduces rumination and subgenual prefrontal cortex activation. Proceedings of the National Academy of Sciences of the United States of America, 112(28), 8567-8572.
67) Hunter, M. R., Gillespie, B. W., & Chen, S. Y. (2019). Urban Nature Experiences Reduce Stress in the Context of Daily Life Based on Salivary Biomarkers. Frontiers in Psychology, 10.
68) White, M. P., Alcock, I., Grellier, J., Wheeler, B. W., Hartig, T., Warber, S. L., Bone, A., Depledge, M. H., & Fleming, L. E. (2019). Spending at least 120 minutes a week in nature is associated with good health and wellbeing. Scientific Reports, 9, 7730.
69) Aknin, L. B., Barrington-Leigh, C. P., Dunn, E. W., Helliwell, J. F., Burns, J., Biswas-Diener, R., Kemeza, I., Nyende, P., Ashton-James, C. E., & Norton, M. I. (2013). Prosocial spending and well-being: cross-cultural evidence for a psychological universal. Journal of personality and social psychology, 104(4), 635-652.
70) レオン・フェスティンガー（末永俊郎　監訳）(1965).『認知的不協和の理論：社会心理学序説』誠信書房.
71) Rudd, M., Aaker, J. & Norton, M. I. (2014). Getting the Most out of Giving: Concretely framing a Prosocial Goal Maximizes Happiness, Journal of Experimental Social Psychology, 54, 11-24.
72) Lyubomirsky, S., Sheldon, K. M., & Schkade, D. (2005). Pursuing happiness: The architecture of sustainable change. Review of General Psychology, 9(2), 111–131.
73) Gentile, D. A., Sweet, D. M., & He, H. (2020). Caring for others cares for the self: An experimental test of brief downward social comparison, loving-kindness, and interconnectedness contemplations. J. Happiness Stud., 21,765–778.
74) Killingsworth, M. A., & Gilbert, D. T. (2010). A wandering mind is an unhappy mind. Science, 330, 932.
75) Ophir, E., Nass, C., & Wagner, A. D. (2009). Cognitive control in media multitaskers. Proceedings of the National Academy of Sciences of the United States of America, 106(37), 15583–15587.
76) Muise, A., Christofides, E., & Desmarais, S. (2009). More information than you ever wanted: Does Facebook bring out the green-eyed monster of jealousy? CyberPsychology & Behavior, 12, 441-444.
77) Dijksterhuis, A., Bos, M. W., Nordgren, L. F., & van Baaren, R. B. (2006). On making the right choice: the deliberation-without-attention effect. Science, 311(5763), 1005-1007.
78) Thornton, B., Faires, A., Robbins, M., & Rollins, E. (2014). The mere presence of a cell phone may be distracting: Implications for attention and task performance. Social Psychology, 45(6), 479–488.
79) Ward, A. F., Duke, K., Gneezy, A., & Bos, M. W. (2017). Brain drain: The mere presence of one's own smartphone reduces available cognitive capacity. Journal of the

Experimental Social Psychology, 7(6), 627-639.
54) Razran, G. H. S. (1940). Conditioned response changes in rating and appraising sociopolitical slogans. Psychological Bulletin, 37, 481.
55) Dabbs, J. M., & Janis, I. L. (1965). Why does eating while reading facilitate opinion change? — An experimental inquiry. Journal of Experimental Social Psychology, 1, 133-144.
56) S., Danziger, J., Levav, & L., Avnaim-Pesso. (2011). Extraneous factors in judicial decisions. Proc. Natl. Acad. Sci. USA., 108, 6889–6892.

第2部
57) Zhang, Z., & Chen, W. (2019). A systematic review of the relationship between physical activity and happiness. Journal of Happiness Studies, 20(4), 1305–1322.
58) Huong, C., & Brown, D. M. Y. (2023, June 29). Associations between physical activity and subcategories of mental health: A propensity score analysis among a global sample of 341,956 adults. https://doi.org/10.31234/osf.io/n5u8e
59) Chekroud, S. R., Gueorguieva, R., Zheutlin, A. B., Paulus, M., Krumholz, H. M., Krystal, J. H., & Chekroud, A. M. (2018). Association between physical exercise and mental health in 1·2 million individuals in the USA between 2011 and 2015: a cross-sectional study. The lancet. Psychiatry, 5(9), 739–746.
60) Church, A. T., Katigbak, M. S., Locke, K. D., Zhang, H., Shen, J., de Jesús Vargas-Flores, J., Ibáñez-Reyes, J., Tanaka-Matsumi, J., Curtis, G. J., Cabrera, H. F., Mastor, K. A., Alvarez, J. M., Ortiz, F. A., Simon, J.-Y. R., & Ching, C. M. (2013). Need satisfaction and well-being: Testing self-determination theory in eight cultures. Journal of Cross-Cultural Psychology, 44(4), 507–534.
61) 山口創 (2022).「皮膚感覚と心」日本香粧品学会誌, 46(1), 51–58.
62) Field, T., Hernandez-Reif, M., Diego, M., Schanberg, S., & Kuhn, C. (2005). Cortisol decreases and serotonin and dopamine increase following massage therapy. The International journal of neuroscience, 115(10), 1397–1413.
63) Menna, L. F., Santaniello, A., Amato, A., Ceparano, G., Di Maggio, A., Sansone, M., Formisano, P., Cimmino, I., Perruolo, G., & Fioretti, A. (2019). Changes of Oxytocin and Serotonin Values in Dialysis Patients after Animal Assisted Activities (AAAs) with a Dog—A Preliminary Study. Animals : an Open Access Journal from MDPI, 9.
64) Gonzalez, M. T., Hartig, T., Patil, G. G., Martinsen, E. W., & Kirkevold, M. (2002). Therapeutic horticulture in clinical depression: a prospective study of active components. Journal of Advanced Nursing, 66(9), 2002-13.
65) Sandstrom, G. M., & Dunn, E. W. (2014b). Social interactions and well-being: The surprising power of weak ties. Personality and Social Psychology Bulletin, 40, 910–922.
66) Bratman, G. N., Hamilton, J. P., Hahn, K. S., Daily, G. C., & Gross, J. J. (2015). Nature

Res. Adolesc., 26, 696-705.
37) Lau, J. K. L., Ozono, H., Kuratomi, K., Komiya, A., & Murayama, K. (2020). Shared striatal activity in decisions to satisfy curiosity and hunger at the risk of electric shocks. Nature Human Behaviour, 4(5), 531–543.
38) von Stumm, S., Hell, B., & Chamorro-Premuzic, T. (2011). The hungry mind: Intellectual curiosity is the third pillar of academic performance. Perspectives on Psychological Science, 6(6), 574–588.
39) Whitecross, W. M., & Smithson, M. (2023). Open or opposed to unknowns: How do curious people think and feel about uncertainty? Personality and Individual Differences, 209, 1–6.
40) Brooks, A. W. (2014). Get Excited: Reappraising Pre-Performance Anxiety as Excitement. Journal of Experimental Psychology: General, 143(3), 1144–1158.
41) Mitchell, K. E., Levin, A. S., & Krumboltz, J. D. (1999). Planned happenstance: Constructing unexpected career opportunities. Journal of Counseling & Development, 77(2), 115–124.
42) Hill, R. A. & Barton, R. A. (2005). Red enhances human performance in contests. Nature, 435(7040), 293–293.
43) Hagemann, N., Strauss, B., & Lei ßing, J. (2008). When the referee sees red... Psychological Science, 19(8), 769–771.
44) Krenn, B. (2018). Does uniform color affect offside in association football? Color Research & Application, 43(2), 268–275.
45) Weiß, J., Mentzel, S. V., Busch, L., & Krenn, B. (2022). The influence of colour in the context of sport: A meta-analysis. Int. J. Sport Exerc. Psychol., 22, 177-235.
46) Hasan, S. & Koning, R., (2019). Conversations and idea generation: Evidence from a field experiment. Research Policy, 48(9), 103811.
47) Cheung, M. F. Y., & Zhang, I. D. (2021). The triggering effect of office design on employee creative performance: An exploratory investigation based on Duffy's conceptualization. Asia Pacific Journal of Management, 38(4), 1283–1304.
48) Annisa, T., & Salim, R. M. A. (2020). Pengaruh Planned Happenstance terhadap Career Decision Self-Efficacy dengan Career Exploration Behavior sebagai Mediator. Jurnal Ilmiah Psikologi MIND SET, 11(02), 149-160.
49) リチャード・ワイズマン（矢羽野薫　訳）(2004).『運のいい人の法則』KADOKAWA.
50) Brendan, N., & Jason, R. (2010). When corrections fail: The persistence of political misperceptions. Political Behavior, 32(2), 303–330.
51) 川名好裕（1986).「対話状況における聞き手の相づちが対人魅力に及ぼす効果」The Japanese Journal of Experimental Social Psychology , 26(1), 67-76.
52) Diana, I. T., & Jason, P. M. (2012). Disclosing information about the self is intrinsically rewarding., Department of Psychology, Harvard University.
53) Dennis, T. R. (1971). Effects of a favor and liking on compliance. Journal of

affect neuroendocrine levels and risk tolerance. Psychol. Sci., 21, 1363–8.

19) Wilkes, C., Kydd, R., Sagar, M., & Broadbent, E. (2017). Upright posture improves affect and fatigue in people with depressive symptoms. Journal of Behavior Therapy and Experimental Psychiatry, 54, 143–149.

20) Nair, S., Sagar, M., Sollers, J., Consedine, N., & Broadbent, E. (2015). Do slumped and upright postures affect stress responses? A randomized trial. Health Psychol., 34, 632–641.

21) エイミー・カディ(石垣賀子　訳)(2016).『〈パワーポーズ〉が最高の自分を創る』早川書房.

22) Lasikiewicz, N., & Teo, W. Y. (2018). The effect of superstitious thinking on psychosocial stress responses and perceived task performance. Asian Journal of Social Psychology, 21(1–2), 32–41.

23) ショーン・エイカー（高橋由紀子　訳）(2011).『幸福優位7つの法則　仕事も人生も充実させるハーバード式最新成功理論』徳間書店.

24) Berman, M. G., Jonides, J., & Kaplan, S. (2008). The cognitive benefits of interacting with nature. Psychological Science, 19(12), 1207-1212.

25) Yuen, H. K., & Jenkins, G. R. (2020). Factors associated with changes in subjective well-being immediately after urban park visit. Int. J. Environ. Health Res., 30(2), 134–145.

26) Atchley, R. A., Strayer, D. L., & Atchley, P. (2012). Creativity in the wild: Improving creative reasoning through immersion in natural settings. PLoS ONE, 7, e51474.

27) Raichle, M. E., & Gusnard, D. A. (2002). Appraising the brain's energy budget. Proc. Natl. Acad. Sci. USA., 99(16), 10237–10239.

28) Lin, D., Sun, Y., Yang, Y., Han, Y., & Xu, C. (2023). Urban park use and self-reported physical, mental, and social health during the COVID-19 pandemic: An on-site survey in Beijing, China. Urban forestry & urban greening, 79, 127804.

29) 薮中宗之・渡部一郎・野呂浩史・藤澤宏幸・大塚吉則・阿岸祐幸（1996).「入浴中脳波のα波出現に浴槽サイズが及ぼす影響について」. 日温気物医誌第, 59, 105-109.

30) Luft, C. D. B., Zioga, I., Thompson, N. M., Banissy, M. J., & Bhattacharya, J. (2018). Right temporal alpha oscillations as a neural mechanism for inhibiting obvious associations. Proceedings of the National Academy of Sciences, 201811465.

31) 早坂信哉・樋口善英・野々村雅之・栗原茂夫（2020).「銭湯利用頻度と主観的幸福感の関連：インターネット・リサーチによる横断研究」日本健康開発雑誌, 41, 17-22.

32) 石澤太市（2017).「入浴法および入浴習慣が心身に及ぼす影響に関する研究」(学位論文).

33) リチャード・ワイズマン（矢羽野薫　訳）(2004).『運のいい人の法則』KADOKAWA.

34) リチャード・ワイズマン（木村博江　訳）(2012).『その科学が成功を決める』文藝春秋.

35) 川上浩司・内藤浩介・平岡敏洋・戌亥来未（2013).「発明的問題解決理論TRIZを援用した不便益発想支援システム」計測自動制御学会論文集, 49(10), 911-917.

36) Silva, K., Shulman, E. P., Chein, J,, & Steinberg, L. (2016). Peers Increase Late Adolescents' Exploratory behavior and sensitivity to positive and negative feedback. J.

参考文献

はじめに

1)バーナード・ウィリアムズ(伊勢田哲治　監訳)(2019).「内的理由と外的理由」:『道徳的な運』勁草書房.

第I部

2)Damisch, L., Stoberock, B., & Mussweiler, T. (2010). Keep your fingers crossed! How superstition improves performance. Psychological Science, 21(7), 1014–1020.

3)Beecher, H. K. (1955). THE POWERFUL PLACEBO. JAMA, 159(17), 1602–1606.

4)Kennedy, W. P. (1961). The nocebo reaction. Medical world, 95, 203–205.

5)リチャード・R・ワイズマン (矢羽野薫　訳) (2004).『運のいい人の法則』KADOKAWA.

6)マイケル・サンデル (鬼澤忍　訳) (2021).『実力も運のうち　能力主義は正義か?』早川書房.

7)Noble, K., Houston, S., Brito, N., et al. (2015). Family income, parental education and brain structure in children and adolescents. Nat. Neurosci., 18, 773–778.

8)Kostovičová, L. (2019). The differential effects of good luck belief on cognitive performance in boys and girls. Europe's Journal of Psychology, 15(1), 108-119.

9)Olson, E. M., et al. (2021). Effects of sex on placebo effects in chronic pain participants: a cross-sectional study. Pain ,162, 531–542.

10) Moser, J. S., Hartwig, R., Moran, T. P., Jendrusina, A. A., & Kross, E. (2014). Neural markers of positive reappraisal and their associations with trait reappraisal and worry. Journal of Abnormal Psychology, 123(1), 91-105.

11)Vassilopoulos, S. P., Brouzos, A., Tsorbatzoudis, H., & Tziouma, O. (2017). Is positive thinking in anticipation of a performance situation better than distraction? An experimental study in preadolescents. Scandinavian Journal of Psychology, 58(2), 142–149.

12)クリスティン・ネフ(石村郁夫、樫村正美、岸本早苗、浅田仁子　訳)(2021).『セルフ・コンパッション』金剛出版.

13)ガブリエル・エッティンゲン(大田直子　訳)(2015).『成功するにはポジティブ思考を捨てなさい　願望を実行計画に変えるWOOPの法則』講談社.

14)Oettingen, G., & Mayer, D. (2002). The motivating function of thinking about the future: Expectations versus fantasies. Journal of personality and social psychology, 83(5), 1198.

15)Matthews, G. (2007). The Impact of Commitment, Accountability, and Written Goals on Goal Achievement. Psychology | Faculty Presentations, 3.

16)Lewin, K. (1947). Group decision and social change. In Newcomb, T. M., and Hartley, E. L. Readings in Social Psychology New York: Henry Holt & Co., 330-344.

17)Libet, B., Gleason, C., Wright, E., & Pearl, D. (1983a). Time of conscious intention to act in relation to onset of cerebral activity (readiness potential): The unconscious initiation of a freely voluntary act. Brain, 106, 623–642.

18)Carney, D. R., Cuddy, A. J., & Yap, A. J. (2010). Power posing: brief nonverbal displays

堀田秀吾 Syugo Hotta

明治大学法学部教授。言語学博士。

熊本県生まれ。シカゴ大学言語学部博士課程修了。ヨーク大学ロースクール修士課程修了・博士課程単位取得満期退学。

専門は、司法におけるコミュニケーションの科学的分析。言語学、法学、社会心理学、脳科学などのさまざまな分野を横断した研究を展開している。テレビのコメンテーターのほか、雑誌、WEBなどでも連載を行う。

『最先端研究で導きだされた「考えすぎない」人の考え方』(サンクチュアリ出版)、『誰でもできるのにほとんどの人がやっていない　科学の力で元気になる38のコツ』(アスコム)など、著書は50冊を超える。

世界の研究１０１から導いた
科学的に運気を上げる方法

2024年5月25日　第1刷発行

著　者　堀田秀吾

発行者　矢島和郎
発行所　株式会社 飛鳥新社
〒101-0003
東京都千代田区一ツ橋 2-4-3 光文恒産ビル
電話　（営業）03-3263-7770　（編集）03-3263-7773
https://www.asukashinsha.co.jp

装丁・本文デザイン　岩永香穂（MOAI）
校　正　矢島規男

印刷・製本　中央精版印刷株式会社

落丁・乱丁の場合は送料当方負担でお取り替えいたします。小社営業部宛にお送りください。

ISBN978-4-86801-011-1

編集担当　吉盛絵里加